JN438174

2001 뉴욕,
그곳에서 우리는

윤금숙 시집

문학공원 시선 179

2001 뉴욕, 그곳에서 우리는

윤금숙 시집

당신의 뜻을 먼저 깨달아
누구에게나 행복을 줄 수 있을까
맡겨지는 지금 순간이 좋다

문학공원

책머리에

2001년 2월 이민 가방 하나에
남편이랑 아이 둘 데리고 이곳 뉴욕으로 와서
처음부터 녹록치 않았던 생활의 단편을 가지고
지금 책을 낸다는 것은
그냥 들판에 불을 지르는 마음이었다

살면서 내 가게를 하고 싶다는 생각으로 몇 번을
수십 번 망설이고 재다가 리스를 들고
변호사 사무실에 냅다 던져주고 왔었던 것처럼

그 불 지르는 마음의 동기가 된 것은
8월에 있을 큰애의 결혼이었다

살다가 그냥 하늘 쳐다보면서 숨 고르기 같은
그 안에 오롯이 함께한 세월이 있다
그 아이가 자라서 한 애는 사회생활을 하고,
한 애는 결혼을 한다니 말이다

담아둔 기쁨, 즐거움, 행복보다
보이지 않게 쌓인 상채기였을 그 안을 보듬어
감사한 마음으로 걷어 펼칠 수밖에 없었다

늘 곁에 버팀목 남편에게 또한 감사하며
늘 함께하지 못했던 멀리 떨어진 가족에게 죄송하다

내 원고를 책으로 만들어주신
출판사 문학공원에 깊이 감사드린다

2020년 8월 15일

윤 금 숙 절드림

추천사

기러기, 고향 하늘을 날다

이 훈 강

윤금숙 시인이 시집을 내신다니 정말 반갑고 고마운 일입니다. 김순진 시인에게서 그런 소식을 듣고 얼마나 기뻤는지 모릅니다. 김순진 시인과 윤금숙 시인은 잊을 수 없는 저의 오랜 문우입니다. 그런 문우들이 한꺼번에 소식을 주시니 한편으로 가슴이 설레기도 하고, 한편으로는 얼른 윤금숙 시인의 시집을 만나고 싶어 발이 동동 굴러지기도 합니다.

시집을 내는 일은 고국을 떠나 이국의 하늘에서 외로운 날갯짓을 하던 기러기가 드디어 고향하늘을 날아가는 것과 같습니다. 그런 고향하늘을 날고 있는 윤금숙 시인은 제가 느끼기로 참 조용조용하신 분으로 알고 있습니다. 뭐랄까요? 신사임당 같은 분, 자식을 위해서라면 목숨까지도 내놓으실 분이면서도 내가 먼저 솔선수범하여 모범을 보이시는 분이 아닐까 생각했습니다. 저의 그런 평소 생각은 이제 윤금숙 시인이 시집을 출판하심으로써 어느 정도 증명이 됐다고 생각합니다.

어머니가 시인인 분, 어머니를 시인으로 모신 자녀는

그리 많지 않습니다. 문학소녀는 괜찮아도 나이가 먹어서까지 시를 쓰고 사모하는 일은 어찌 된 일인지 남편이나 가족들이 그리 좋아하는 풍토가 아니기 때문입니다. 그렇지만 저는 반대로 생각하고 있습니다. 시를 쓰게 되면, 늘 나의 위치에 대하여, 가족에 대하여, 삶에 대하여 반추하고 성찰하기 때문에 불량한 마음을 먹지 않는다는 장점이 있습니다. 아마도 윤금숙 시인께서 시마저 쓰지 않으셨더라면 외로운 이민생활을 견디기 어려우셨을 런지도 모르겠습니다.

제가 알기로도 윤금숙 시인이 뉴욕으로 이주해 가신지도 한 20년 쯤 되는 것으로 알고 있습니다. 이제 평온을 찾고 아이들을 결혼시킬 시기가 왔다고 하니 나이는 우리 모두 좀 들어가지만 할 일을 하는 것 같아 기분이 좋습니다. 저에게 이런 자리를 마련해주시는 배려를 해주신 윤금숙 시인님과 김순진 시인에게 감사의 인사를 전합니다.

아울러 돈독한 신앙과 그윽한 사랑으로 원만한 가정을 이끌어 오시고 자녀의 결혼식을 치르게 되신 윤금숙 시인께 응원의 박수를 보냅니다. 고맙습니다.

2020년 8월 15일

시인 · 시인의 나라 대표 이 훈 강

서문

모국어를 먹이는 어머니

김 순 진

윤금숙 시인이 아들을 결혼시키신다며 책을 내는 것에 대한 문의를 해오셨다. 그리고 지금 이 글을 쓰고 있는 시점에 그녀는 한국에 와 계신다. 다만 외국에서 들어오시는 분에 한해 14일 동안 자가 격리기간이라 대구의 지인의 집에서 가족과 함께 쉬고 계신다. 멀리 미국에 계시다가 한국에 오셨다는 카톡을 받으니 그것만으로도 오랜 친구를 만난 듯 반갑다.

윤금숙 시인과 알고 지낸 지 20년 쯤 되었다. 윤금숙 시인과 나는 이훈강 시인이 운영하는 <시인의 나라>라는 다음 카페의 회원이었다. 지금은 스마트폰의 발달로 인해 페이스북이나 카카오스토리, 밴드 등 다양한 소셜미디어(SNS)가 발달해 사람들이 다양한 소통공간에서 활동을 하고 있지만 20년 전만 해도 고작해야 블로그와 카페가 소통의 공간이었으며, 그것도 컴퓨터를 가진 사람만이 들어올 수 있었다.

나는 그때 윤금숙 시인이 미국에 사신다는 걸 알았다. 그리고 시간이 조금 흘러 어느 해인가 그녀는 내가 운영하는 출판사에서 달력을 주문했다. 그런데 달력 값보다 비행기로 보내는 운송비용이 더 많이 나오는 것을 피차에 간과했고, 서로 의견충돌이 조금 있었던 것 같다. 비온 뒤에 땅이 굳는다고, 그 일은 서로에게 다리 역할을 해주었다. 최근에 들은 사실이지만 윤금숙 시인은 나중에 책을 내게 되면 꼭 김순진 시인한테 내야 한다는 생각을 가지고 있었다고 한다. 정말 고맙게도 말이다.

윤금숙 시인의 시는 한국의 현대 시인들이 쓰고 있는 본격 현대시와 자연적 서정시, 그리고 가족시와 신앙시로 나눌 수 있다. 윤금숙 시인을 만나본 바 없지만 그녀는 지극히 조용하고 다정다감한 사람처럼 느껴진다. 시의 소재와 말하려는 주제는 어머니로서, 신앙인으로서, 그리고 여자로서 가져야 할 마음가짐을 벗어나지 않으면서도 국어의 아름다움을 한껏 승화한 시를 써내고 있다.

언젠가 나는 스토리문학의 메인스토리에서 <문학의집·서울>의 이사장으로 계신 김후란 시인을 취재한 적이 있다. 그때 김후란 시인은 외국의 어머니들은 아이가 잠들 때까지 책을 읽어준다는 말씀을 하셨던 것으로 기억한다. 그리고 자신도 우리나라 사람들에게 그런 마음으로 <문학의집·서울>을 운영하게 되었다고 말씀을 하셨는데, 나는 그런 마음이 윤금숙 시인의 마음이 아닐까 하는 생각을 해본다. 윤금숙 시인은 아이들에게 음식만 먹이는 것이 아니라, 날마다 수유하는 것처럼 모국어를 먹인다. 그러면서 고국의 정서를 먹이고 가문의 정서를 먹이며, 여인의 정서와 시인의 정서까지도 수유시켜서 아이들이 바르고 정직하게 자랄 수 있도록 북돋아주고 거름을 듬뿍 주어 그들이 올곧게 성장할 수 있도록 지지대가 되어준다.

윤금숙 시인은 지극히 일상적인 소재들을 시로 쓴다. 집과 교회, 아이들과 학교, 병원, 그리고 소풍이나 나들이 장소 같은 것이 윤금숙 시인의 시적 소재들이다. 그래서 어찌 보면 단조롭고 편협된 시적 환경이지만 윤금숙 시인은 그 단조로운 시적 환경을 극복하고 그 속에 신앙과 가족 그리고 고향과 이웃 등의 삶을 적극적으로 끌어들여서 도구로 사용한다. 이를테면 고향과 가족은 단단한 삶의 방패이며 이웃과 성당은 예리한 삶의 창으로 쓰이는 것이다.

이 시집은 크게 5부로 나뉘어져 있다. '1부. 시간의 흔적'에서는 본격 현대시로 한국의 중앙문단에서 볼 수 있는 그런 탄탄한 실력이 겸비된 시들을 전면에 배치했다. '2부 그리움'에는 어머니, 아버지, 고향, 고국, 이웃 등 시인 윤금숙을 낳고 기르고 격려하며 지탱해준 주변 환경에 대한 그리운 소재들로 채워져 있다. '3부. 아침에 눈을 떠서'에는 그녀가 성당을 다니면서 하는 기도와 만나는 사람들, 등 신앙적 시편들이 성찰을 통해 윤금숙 시인이 내적으로 성장할 수 있도록 역할을 한다. '4부. 이 몹쓸 계절병'에서는 대부분 자연이야기로 계절이 바뀔 때마다 느끼는 희로애락과 삼라만상을 통해 외국생활의 외로움을 극복하는 장치로서의 역할을 충분히 해낸다. '5부. 진복아 수민아, 고맙다'에 나오는 그의 수필들은 모두가 감동스럽다. 아이를 기르면서 쓰여진 이 수필들은 이번에 큰아이 즉 아들이 한국에서 결혼식을 하는데 주고 싶은 결정적인 출판요인이 된다. 왜냐하면 그 수필들은 일기형식으로 쓰여졌지만, 삶 속에서 혈액처럼 묻어나오는 끈끈하고 애틋한 이야기는 때론 너털웃음을 웃게 하고 때론 눈물을 짓게 만든다. 부모라면 아이를 기르며 누구나 다 가질 수 있는 에피소드지만 특별히 윤금숙 시인은 외국에 살면서 의사소통과 여러 가지 제약 속에서 겪는 육아이야기들이기 때문에 더욱 특별한 애착과 공감을 느끼게 한다.

이상과 같이 윤금숙 시인의 시세계를 짧으나마 짚어보았다. 그동안 얼마나 많은 인연이 있었을까? 그런데도 필자에게 와서 시집을 출판해달라고 하는 그 마음 하나만으로도 나는 너무 감사하다. 윤금숙 시인의 아들 결혼식이 원만하게 잘 치러지고, 다복한 가정을 꾸미기를 기도한다. 그리고 윤금숙 시인 가정과 윤금숙 시인의 문운을 위해서도 기도를 올린다. 시집 발간을 진심으로 축하드린다.

2020년 8월 15일

문학평론가 · 고려대 평생교육원 교수 김 순 진

C O N T E N T S

1부. 시간의 흔적

2부. 그리움

3부. 아침에 눈을 떠서

4부. 이 몹쓸 계절병

5부. 진복아 수민아, 고맙다

1부

시간의 흔적

깨를 볶다가

깨를 볶다가 걸려온 전화 받고 달려 나가는
남편의 뒤통수에서 신혼의 단꿈을 깬 것처럼
흘러간 시간이 파도를 친다

어느 때는 갈피 못 잡고 흔들렸을 너는
지금 두께 없는 프라이팬에
뜨거움 안고 향내 풍기는 중이다

가끔 친정 엄마가
아이들 키우다 보면 시간에 쫓긴다며
볶아 두고 간 것이 이와 같았을까

전화기 속 상대방처럼
내 손 한 번 거치지 않아도
깨 쏟아지게 살아가는 법이다

빨래방에는

매 주일 오전 뚱뚱한 보따리 안고 들리는 빨래방에는
사람을 만나면 정겨운 표정이 없다
들고 간 빨래는 이내 상실에 빠져 몸을 못 가누고
입안에 국수 가락 후루룩 들어가듯
창 안으로 빨려든다

한 동안 긴장이 엄습한다
10달러로 바꾼 쿼터
그 중 몇 개가 멈춘 뇌세포를 일으켜 세운다
그들은 몇 년 전 고요했던 남해 앞바다에 서 있기도
하고
하얀 면사포 나풀거리듯
파도치는 동해 앞 바다에 서 있기도 하면서

메인 스트릿에서

경제불황으로 일 년 열두 달 쇼윈도우에
'폭탄세일' 라벨이 붙어있고
끊임없는 인파가 밤 오징어를 낚아채는 모습 같아
눈길 뗄 수 없는 메인 스트릿 보도블록은
블랙홀이다

차 안에서 운 좋게 짧은 스커트에
배꼽 드러낸 매력 넘친 여자 흘겨보며
제트 비행기도 타 보는
너도 나도 잘 된다 하면
비즈니스 간판 똑 같이 내걸어
빵 가게가 스무 군데 넘는 곳

몇 년 전에 문 닫은 '웃기는 짜장면 집' 가게에
자꾸 눈길이 가지만
아무리 바라보아도 목적 없는
발걸음을 재촉한다

바닷가에서

바닷가에 바람이 불어도
파도는 크게 출렁이지 않는다
하얀 안개꽃만 꽂힌다
언젠가 사정없이 밀려오는 파도를 보며
사랑 같다고 생각했다
먼 인생길처럼 수심 깊은 한 세상 같은 사랑
오늘도 저 수평선 닿을 수 없는 곳에서
그 사랑이 물안개로 피어난다

관절

언제 적 뼈아픈 말일까
품고 지낸 세월
까마득히 모르고 있다가
툭 불거져 나온
뼈마디 보고서야 알았다

한 여름 무성한 나무들 옆에
잎 하나 달고 있지 않은 나목 같구나
그저 달군 햇살이 약이라고
뜨거움 견디는 습성

슬쩍 내 열 손가락 말없이 펴서
왁스 물에 담근질한다

거미

거미줄은 고해성사 앞에 줄을 선
낯선 얼굴이다
태고부터 근거 없이 외면 받아
차디찬 시선으로 줄 탔을 그날 이후
사랑이나 우정은 손톱만큼도 찾아 볼 수 없는
너의 내면은 밤낮으로 선악을 넘나들며
그 그물망에서 벗어날 수가 없었다

보호본능 때문일까
아래로 만 뻗는 아집
그래서 하늘마저 하얗다

기우는 것이 비단 너뿐일까

봄으로 기운
창밖 날씨 바라보다
켜지지 않은 모니터에 비친
52도 기운
뿔테 안경 너머 동안 얼굴
수수깡처럼
봄바람 마른 가지에
발광하듯 흔들린다
무언가
지구 기울기만큼 안고 살아간다고 여긴
그곳을 한 없이 바라보다
불쑥 너에게
기울어진 푸른 창공
행복 지수가 내 안에
피사의 사탑처럼 솟는다

분수

다듬는다는 것은 관심을 기울여
꽃을 가꾸는 것처럼
아이들 자라는 것도 그와 같지 않을까 싶다

눈앞에 힘겹게 뿜어져 올라와
부서져버리는 분수를 바라보면서
아이들의 불투명한 고집 앞에
가끔 숨 막히는 순간이 오면
가만히 있지 못하고
솟구치는 분노가 지구를 돌아
제자리에 돌아오는 것을 몰랐다
살에서 살점이 떨어져 나가듯
곰 삶은 뼈다귀처럼 되어 선물이어야

"그래 너는 자유"라고 외칠 수 있었다

실업수당(PUA)

아침에 일어나 동쪽 창 블라인드를 돌리면
여명은 앞 집 지붕 각 따라
옥수수 알 한 움큼 입안으로 쏟아지듯
물파스처럼 들어와 안긴다

코로나 때문에 신청한 실업수당 또한
그 반가움처럼
무지개가 뜨는가 싶었다

마른침 한 번 삼키는 사이에
순 번이 보이지 않은 선은 무리수가 되어
신호등 앞에 이유를 벗어난 햇살 같이
파노라마 사진 찍히듯 현기증이 났다

달을 넘기며 아침마다 창을 열면
부서져 들어오는 그 빛 때문에
목젖이 타들어가도 아물 기색이 없다가
지금은 오관을 타고
사막에 오아시스를 만났다

우리의 습성은 그런대로 온전한가

아침마다 쌍곡선을 이루는
해지는 창가에 서성이며
질타가 두려운 오늘과 내일 사이에서 대칭 중이다
본성을 느끼고 싶어
바람을 일으켜 꽁꽁 묶은 너의 주리를
있는 대로 비틀어본다
무슨 재간으로 버틸 수 있을까
잠시 쟁여 놓은 잼처럼 끈적이는 과거를 뒤집어쓸까
헐거울 수밖에 없는
맞지 않은 옷 같이 너는 덩그러니
항상 밖이다

달콤한 말들을 쏟아낸 열꽃이 등짝에
꽃으로 필 때 꽃나무들이 만세를 부르며
힘껏 외쳤다

우리의 습성은 그런대로 온전한가

델라웨어 강

산은 속이 깊어
일 년 내내 말없이
우거진 나무들 생각하다

여기저기
온 몸 생채기로
계곡이 되었나 보다

그 골마다 샘물이 흘러
시내를 이루어
인생 길 같은 강물이 됩니다

내 오늘은 보트 타고
땡볕에 흘리는 땀방울처럼
강줄기 따라
한 점 물풀이 됩니다

펜스 수중 동굴

차마 배를 타고
마음이 아프다 못해 저려오지만
차가운 물에 노니는 송어 떼

희망이다
한 산이 수억 년 인고로 쌓은
세상 조형물

숨 쉬는 동안 쏟아낸
한숨인가
눈물로 빚어낸 호수던가

빛 한 줄기 없는
어둠에서 나는
우주를 여행한다

이사를 했습니다

버스 한 번 타고 갈 수 있는
심심하면 걸어서 갈 수 있는
딸 아이 학교가 가까운 곳
아들이 몇 블럭을 걸어 헬스 가기 좋고 친구와 같이
오다가다 들릴 수 있는 베이사이드로 이사를 했습니다

리틀넥에서 칠년을 끈끈하게 살다
단박에 옮겨 오느라
켜켜 앉은 먼지까지 몽땅 실어 와 쓸어 내느라
일주일 동안 목 생채기를 앓았습니다

등 따스하면 가슴에 새긴 기도가
절로 나 올 줄 알았지요
그런데 이사 후유증이라는 핑계로
차분히 앉아
감사기도 제대로 하지 않았습니다

오늘은 밤이 깊었지만
창가에 앉아 그 전에 살던 곳에 비친
칙칙한 가로등 불빛과 완연히 다른
빛이 마음에 한 없이 쏟아집니다

길

기다림이다
별빛을 받으며
아침이 되기를
기다리는 것이다
날마다 숫자를 센다
화살 같이
달려가기 위해서

시작 노트

잠을 자려다 모로 누워
지체부자유처럼 펜을 들고
각이 선 노트에 머리를 밀어 넣어
살짝 품어본다

테두리가 없는 그 곳
낮에 사 먹은
국물이 짜서 보리차 한 컵 들이켜고
지구 반대편 방콕 물난리 같은
칼제비가 둥둥 떠다닌다

온몸 신경줄
칼날처럼 비벼가며 살아
뱃속이 아려 소금기를 빼서일까
저녁 밥상조차
짠 내 맡을 수 없는 그는
다시 노트를 꺼내서
끼적이고 있다

불면증

문득 새벽에 눈을 뜨면
하늘 가까이 휘젓고 다니는
선명한 갈매기 날갯짓이 그려지고
무감각한 내 발등 어지럽히는
부드러운 모래가
날카로운 칼바람 흔적을 만든다
일장춘몽 꿈 이룰 수 있을지
한참 생각되어지는 바다가
그리워지는 때가 있다
소싯적부터 내 속으로
떼구르르 굴러 든 누구누구의 잘못들이
방금 잠들기 전까지 꿈이 되어
깊은 심연의 바다를 이루는
그런 밤이 있다

우울증

젖몸살 앓는 여인네 같은 저 구름
뜨거운 대기권에 들었다
고기압 저기압 운명적 만남 속에
선입견 없는 하늘 벗 삼아
100미터 뛰기 하는 중일까
아침마다 창가에 불을 켜는 저 햇살도
낮게 뜨는 반달 같은 엔돌핀이 모자라
가끔 우리들의 목을 휘 감고 있다

호숫가에서

보트를 타고 네 앞에 앉았을 때
심장이 멎는 줄 알았다

똑바로 볼 수 없는
마음 감추느라

수조에 흔들리는
물속만 바라보았다

구름처럼 떠있는 연잎
손톱만한 꽃 피고

저쪽 끝 물가에 천사 같은 백조가
평화롭게 사랑 나눌 때

굳이 말을 하지 않아도
백조가 되고 싶었을 게야

안개

어느 방향으로 사라질지 모르고 사는
나는 시한부 인생
가끔 모두 잠든 이른 새벽
거리를 나서는 스릴을 맛본다
특히 잠 못 이루는 밤
무채색으로 향 없이
너의 집 현관을 지나칠 때면
이내 막연한 현기증으로
벨 누르고 싶지만
그냥 지나치고 말았다
살아있는 동안
빈 틈 많은 마음
부끄러운 생각이 앞서서

늪지대, 갈대

마른 침 삼키며
대를 이어온 일상의 피곤을
바람에 맡긴다
해를 거듭거듭 보내도
살점 하나 붙지 않는 이유를
파랑이 심한 내가
흑진주를 품을 수 있을 런지

가는 몸 푹 적셔보고 싶은
여행을 꿈꾸는 이유를
파도치는 바다에게 물어나 볼까

이야기꽃을 피웠다

비가 온 종일 내려서
한여름 태양이 얼굴조차 내밀지 않았던
서걱서걱 더위 삭이는 바람 불고
찌르 찌르륵 우는
풀벌레 소리 잠잠한 일요일 저녁
아직 십년은 더
일할 거라는 줄리아 할머니
요즈음 불경기 타면서
다니던 가게 문 닫는 바람에
돈을 벌 수 없어
마지막 밥 사준다고
예고 없이 거성으로 불러
수많은 특별한 날에
만남을 가졌던 얼굴들이 모였다
그 중 한 두 가족은 멀어졌지만
함께한 십년은 한결 같았다
우리 아들 대학 기숙사에 들어간다고
자기 집 뒤뜰에서
바비큐 파티 열어 준다는 힐라리오
다음 주 또 만나자는
이야기꽃을 피웠다

시간의 흔적

사계절 침묵으로 있던 파스카리
이 가을 작은 미열로 피었다

하루 속에 갇혀
시름 앓다 와르르 쏟아져 나와

깔깔 웃으며
벌겋게 선혈 토해놓은 나뭇잎 옆에서

외롭다고
말할 수가 없었다

아침저녁 시간 속으로 흘러가는 바쁜 발길에
눈길 한 번 마주 칠 수 가 없어서

바다

애초에 보이지 않아도
너에게 출구가 있어서 자유로웠다

산천 누비며
지상 꼭대기 올라보면서
그때부터 외로웠다

세상 속으로 파고들어
비를 뿌려댔다
누구하고나 통할 줄 알았다
어느 머문 자리에서 나눈 대화가
물처럼 스며들어 아버지처럼 아니어도
연인으로 착각하는데
온 몸이 비렸다
그 몸 씻기려 골짜기, 바다를 이루어보니
발목을 잡는 건 그가 아니었다

내 속에 딱 메주 한 덩이만한
심연, 그것이 있다

새벽에

기적소리 듣지 못하는 이별을 가진 주인공처럼
새벽은 쉬이 밤을 버리지 못한다
창공이라 그런가
'은하 철도 999'같은 기차가 달린다
출발점에서 벗어나
점점 멀어져 간 소리는 없다
낯선 시간 거리를 헤매다
어설프게 통과한 간이역
숨죽이며 콕콕 살갑게
다가오는 인생의 파노라마
깊은 마술에서 풀려나 듯
흔적 없이 사라졌던 꿈들이
다시금 생각나는

바라본다는 것은

바라본다는 것은
다수의 재잘거림을 햇살이 눈치 챈
흔들림을 뺀 그 무엇이다

살다가 엉클어진 실타래 살살 풀어지는
내 안에 무언가 빠져나가는
유혹을 견뎌내는 일이다

어제와 다른 오늘이
저 가지 끝에 일렁이는 설레임으로
다가오는 것이다

너와 나 깊은 고랑 없이
무턱대고 좋아지기를 바라며
비 개인 하늘처럼 숨 쉬기 좋은

만남을 가질 수 있으면 하는
그런 바램으로
바라본다는 것은

세월

너를 보며 짠 내 나는 바람이랑
부석거리는 먼지랑
어떻게 한 통속을 이루어내는지
햇살이 너에게 속삭일 때
얼마나 가슴이 벌렁벌렁 하는지
금가루를 뿌려준다 해도
멋쩍게 버티고 있는지

후미진 곳을 볼 때 송곳 댈 듯이
저 편에 웃음 짓고 있는
고즈넉한 옛날 같은
넓혀 가고 싶지 않은 영역들이 있다

언젠가 알겠지만
빈 컨테이너 같은 마음 썰물처럼
세상과 인연이 빠져나간다

생기 없는 황량한 사막
지금 어느 한 부분을 거닐고 있는 것 일까
찰나조차 숨 쉬기 쉽지 않음은

흔들리는 호수

아침마다 맑은 햇살 함께 지나치는 호수는
푸른 바탕에 하늘 숲이 그려진 풍경화를 보여주고
저녁 길엔 바람이 만든 물결로 그리움이 춤을 춘다
언젠가 억척스레 강한 빗줄기에 푸른빛을 잃어
잿빛으로 눈과 마음이 탄성을 짓게 하더니만

오늘 호수는 저만치서 한가로이 노를 저어
배를 띄우고 있다
언제나 바람이 빚어 놓은
익숙한 자연이다

2부

그리움

아버지

몇 해 전 한쪽 가슴 헤집어
너무도 허약하고 파리해진 마음 넣고 산지
몇 년도 안 되어 아버지께서 돌아가셨습니다

사 년 반을 방문 열고
"아버지" 하면서 들어설
딸을 보고 싶어 했을 것 같아 눈물이 납니다

한걸음에 갈 수 없어
안타까움 아는지 하루는 비가 오고
오늘은 겨울처럼 추웠습니다

아버지!
어제는 레지오 단원들이 집으로 와
연도해주었는데 듣고 계셨는지요

살면서 가끔은 연 미사도 넣어드릴 테니
한 번도 들어 보지 못한
소리라고 안 들으시면 안 됩니다

아버지, 아직도 어머니와 동생 식구들은
당신 자리 봐드리러 가서 안 오셨는지
전화를 안 받습니다 아버지…

어머니

미국으로 떠나보낸 자식 생각에
그리운 마음이 담쟁이넝쿨 되어
거리를 마다하지 않고

늦은 밤 서글픈 마음으로 오신 당신
지금 창가에 비치는 맑은 햇살 한 줌은
당신입니다

한 삶 어렵사리
꼬깃꼬깃 접으며 살아
등 한번 곱게 펴지 못하고

무어 그리 못해 준 것이 많다고
미안하다고만 하시는지
저는 잘 모르겠습니다

사월의 목련꽃처럼 눈부신 어머니!
계절이 바뀌어도
그 목련으로 당신 뜰에 계시옵소서

나, 그대를 곁에 두고

나, 그대를 곁에 두고 사랑하면서
사랑한다는 말보다
좋아한다는 말을 더 많이 하는 것은
살면서 아직 한 갈래 길이
남아있기 때문입니다

그대와 나 사이에
울타리가 없는 것은
좀 더 넓은 땅을 높은 하늘을
바라볼 수 있기 때문입니다

해마다 피는 꽃 어쩌지 못해
망설이는 몸짓이지만
그렇게 있는 동안
살아있다고 느낄 수 있기 때문입니다

사랑 · 1

물씬 풍기는 향내 없어도
하늘은 파래서 마냥 좋듯이

순백 순정은 세월 흘러도
흩어지지 않고 가슴 깊이 스미어든다

살아가는 의미가 되나 싶은데
숨조차 쉴 수 없다

그리움 · 1

아침에 마시는 향 짙은 커피 속에는
그대의 웃음소리가 담겨 있어
귀로 마신다

수도꼭지를 틀면
왠지 그대의 눈물 같아
눈시울이 붉어진다

그대 마음 닮은
파아란 하늘 뿐 아니라
잿빛 하늘까지 묶어두고 싶어지는

아찔한 순간들이
벽으로
둘러쳐져 있는 세상에

그리움 · 2

무심코 그대가 생각이 나서
태양 모습 감춘
실빛으로 남은 노을에
나는 부지깽이 되어
불씨 하나 찾아
하늘가를 휘젓지만
잿빛 구름만
허허로이 떠다닙니다

그 어떤 날

하늘에 별들이 반란을 일으키듯
무수한 빛을 쏟아 붓고 있다
한 마지기 벼들이 무더기로 무너져 내리듯

새벽에 일어나
해초처럼 일렁이는 가슴에
찬 물 한 바가지 끼얹는다

별보다 또랑또랑한
눈망울 가진 이유 때문에
자주 슬픈 일이 생긴다

눈곱만큼의 이기심을 삼키지 못해 절망케 함이
저 만큼 동트는 쪽에 웅크리고 앉아
어둠을 빗질하고 있다

살아야겠다고 일어났다가
또다시 무릎을 꿇는
그런 날이 되풀이하지 않기 위해서

열병

한 여름 뜨거운 열기 쏙 빼낸
에어컨 위로
아직 못 다한 사랑
슬픔 이기지 못하여
쏟은 눈물처럼

비는 밤새

똑
똑
똑

내 가슴에 내렸다

자화상

세상은 잿빛으로 식어버린 커피처럼
어제 길가를 구르며
까르르 웃던 나뭇잎들은
시퍼런 입술 꾹 다물고 침묵 중이다

세상 낮게 날으는 새들 따라
하늘 높이 오르지 못한 열정이 남아
때깔 좋은 햇살
불러 오고 싶은 아침이다

그래서 마음속으로
급히 바닷가를 그리며 달려가 보았다
어쩌면 햇살 한줄기 흐르는 물살에
묻혀 있을지 몰라서

사랑하는 재롱아

태어난 지 2주일 된 너를 데려와
예쁜 집보다는 빈 라면박스로 집 만들어 살게 했어
내 싫어하는 맘 어찌 아는지
온 종일 사랑 받을 몸짓만 하던 너는
비둘기 떼 모여드는 창가에서 아침을 맞이하고
아파트 주차장은 네가 볼 수 있는 신세계였지
앞뜰과 뒤뜰이 있고 창이 많은
하우스로 이사 와서 내 맘이 참으로 편했는데
언제부턴가 훌쩍 커버린 네가
그 자유를 누리지 못해 아파해도 어찌하지 못했다
하루는 예쁜 집을 사왔었지
너는 그 집을 사용할 줄 몰라
행복을 누리지 못했어
집 밖을 벗어나길 두려워하여 예방접종 한번 못해줬다
가을이가 들어오기 전에 진즉 너를 보내려 했단다
며칠 같이 있으면서 너와 다른
가을이 때문에 가슴앓이 하는 너를
보낼 수밖에 없었단다
함께했던 2년 5개월 동안
컴퓨터 할 때마다 모니터 위에 있던 네가
지금은 없는 재롱아!
아기 낳고 친구 만나 잘 살아라

보이지 않는 연결고리

우리 모두 홀씨처럼 시작되었을 작은 바램이
오십 시간이 지나서야 알았습니다
서로를 향한 눈빛 속에 몸짓에
보이지 않는 연결고리가 보석처럼 빛나고 있습니다
가슴 깊이 묻혀진 상처에서
피고름 뿜어져 나오듯
흘린 눈물 속으로
"보듬을 수 있는 그릇이 되게 해 주소서"라는 기도를
두려움 없이 할 수 있었으면 좋겠습니다

부풀어 오르는 기쁨

- 2011. 2. 17. 순옥 어머니의 팔순을 맞아

어머니! 어머니가 곁에 계시는데
왜 이리 그리운지요
너무 그리워 극심한 가뭄처럼 가슴이 메말라
금이 가는 듯합니다
당신도 가끔 초점 잃은 눈 속에 오랜 세월
버팀목 잃은 상실감에 어쩌지 못하고
남 몰래 울음 삼키다 말문 잃은 적
헤아릴 수 없이 많았겠지요

우리는 살면서 힘들 때마다 하늘 올려다보면서
왜 당신의 얼굴은 바라보지 못했을까요
지금에서야 푹 파인 당신의 골 깊은 주름 속에
저희의 웃는 모습이 있음을

동 트기 전 일어나
해질녘 깊은 배려심 깔고 변함없이
미소 짓고 계심을 이제서야 깨닫습니다

오늘은 당신의 팔순
모두 함께 사랑을 전하고 싶어서
며칠 전부터 부풀어 오른 기쁨
마냥 뭉게구름 되어 하늘을 덮습니다

엄마와 아들이 걸어오고 있다

비가 온다는 일기예보 무시하고
뜨겁게 내리 쬐는 햇살 맞으며
엄마와 아들이 걸어오고 있다
엄마가 들고 가는
책을 넣은 하얀 플라스틱 백 속에
도서관 마크가 노랗게 그려진
그 그림 속으로
노란 청소년 수련원 4호차가
웃으며 달린다
나와 우리 아이들
그 버스를 타고 개포도서관에 가는 중이다
피넛 잼 발린 호밀샌드위치 빵 들고
걷는 아이 손 안에
우리는 책 읽기 뒤로 미루고
지하식당으로 달려가
자판기에서 뽑은 라면을
후루룩 후루룩 먹고 있다

가끔, 나는

우리 집 컴퓨터 하나가
가끔 내 몸처럼 말을 안 들었다
하여 다시 시작 프로그램 시디를 깔아
컴에 저장 되어있던
예쁜 사진들이 날아가 버렸다

전에 살던 집 뒷마당에서 눈 올 때 찍은 것
서울에 있는 조카가 보내준 사진들이
애초에 있지도 않았다는 듯이
순식간에 사라졌다

나도 아침에 눈을 뜨면
생각할 수 있어서 좋았지만 이젠
툭하면 잊어버리고 잃어버린 말들이 많아
언제 머릿속에 기억되어 있었는지
새카맣게 모를 때가 많다

하지만 컴은 언제나 메모리가 되어
원하는 것을 알려 주곤한다
그리고 새로운 것을 메모리하는데

딸에게

바닷가에 서면
하얀 포말되어 다가오는데
너에 이르면 깊은 심연 같아
가슴이 아프다

그 아픈 가슴 펼치면
너에게 건네고 싶은 무수히 많은 말
웃음이 있는데
내 짜깁기 한 세월
뒤집어쓰고 빛을 잃은 그들
어떻게 쏘아 올려
별빛처럼 빛나게 할까

나에게는 밤하늘의 별처럼
너의 스냅사진이 눈에 가득한데

엄마가 그립다

흐르는 수돗물에
씻긴 꽈리고추의 몸통을 보니
문득 엄마가 그립다
너만큼
딱 너만큼 주름지셨는데
못 뵌 지 빠듯한 세월

지금 기름으로 볶아진
너 닮으셨을까

형제님, 미안합니다

- 2012. 4. 14. 율리안나 자매님 형제님 57세

처음 그를 보았을 때 참 익숙했다
남들 입에 오르내리는 "기백이 아빠" 소리 하도 들어서
성당 주차장 차 트렁크 열다 하얗게 부서지는 파도가
그의 입속에 한가득 출렁이는 것을
그가 소일 삼아 잡은 생선회를 떠서 함께 먹을 때
선한 입 속에 안주 없이 들어가는 술
말릴 수가 없었다
그때 한쪽으로 힘없이 무너져 있는 어깨를 보았고
고정된 시선에서 자신 있게 빠져 나오지 못했다
몇 년이 지나 그가 수족이 불편을 겪을 때
한국에 다녀왔을 때
친구가 필요할 때
함께 할 수가 없었다
환한 미소 속에 가래처럼 끓고 있는 암덩어리 같은
그의 작은 자신이 커 가고 있음을 아무도 파악 못했기 때문에
딱 일주일 전 부활절 날
예비자 교리 신청 받으려고 방문했을 때
많이 좋아진 모양새 끝으로
세상과 타협 하려고 필요하다고 한 자전거

빈약한 다리 휘청거려 타지 못하면서
좋아라, 쏟아지는 햇살 받으며 인도로 끌고 다니다
하루아침 아무도 모르게 그는
자신도 모르게 축대를 무너트렸다
물기 빠진 그를 보고
"형제님, 미안합니다"라는 말만 되풀이하다 돌아왔다

그녀, 헬레나

- 2012. 3. 6. 나창민 형제의 어머님을 기리며

듣기로는
그녀가 살아온 날들
시련이 따라 많은 상처로 얼룩졌다는데
그녀가 떠나는 하늘은 참으로 맑았다

어제 저녁 연도 끝내고 돌아오는 길에
헬렌 할머니 삼십 년 넘게 레지오 함께 하면서
단짝으로 앉아 성모송을 읊었다며
그녀가 떠나는 몸짓처럼 잠시
흩뿌려진 눈발 속에서 온통 흔들렸다

사랑의 손길로 곱게 접혀
어여쁜 학이 된 그녀
그 모습처럼 한 평생 살아서인지
마지막 떠나는 오늘도
그녀 곁으로 모인 발길 무척 많았다

눈길 한 번 마주친 적 없지만
당신 뜻에 따라 살다 가는 그녀
자식들에게 오만조만
신앙심 잘 뿌려놓고 간다

수완넥

이른 아침 너를 따라 걷다보면
살면서 속 깊은 것도
능사가 아님을 알 수 있다
군데군데 빈 집들
참다가 썩어 문들어진
너 얼굴 보고 떠난 듯
이제사 근소한 차이 보이며
한구석에 눈곱만한 샘물 솟구친들
돌아간 마음 되돌릴 수 있을까
조건 없는 햇살에 일렁이는 너는
시시각각 바람에 웃음 짓고
시작과 끝이 보이지 않지만
한 떨기 옥잠화처럼
백조의 꿈꾸고 있는 듯하여

가을이

가을에 집으로 데려왔다고
가을이라고 부르는 가을이
전전 주인의 학대의 기억 때문에 아무도 없으면
소파 밑으로 숨어들던 가을이

7년 동안 같이 살면서
침대 위 올라오는 것을 더 좋아했고
남편이 데리고 나가면
'가을이 아빠'로 통했던 가을이가

목에 큰 멍울 자라 털 밑 거죽으로
거무칙칙 드러나고 한 다리마저 절룩거려
아침마다 거닐던 산책길
한숨으로 날려 보내는 흐릿한 눈빛이다

겨울 동안 고운 햇살이라고
한껏 제쳐놓던 창가에 꽃물이 짙은 5월
몹쓸 병 걸려 전염 차단시키듯
황금색 커튼 칭칭 내려놓아

갈색 큰 그림자 방안 가득 들어앉아서

가을이가 늘 ‘사람 다 되었다’고 하는 말
가슴에 박아두었는지
제 먹던 밥그릇을 쳐다보지도 않아
수돗물 받아
뚝뚝뚝 대세해주었다

모정

저 가지 끝에도 저문 가을이 있어
가슴 후비는 바람 마다하지 않고
옷을 훌훌 벗었는가
허덕이며 가는 하루 중 각이 설 때
햇살은 비수처럼 꽂이며
나는 무조건 처음으로 돌아가고 싶었다

봄을 생각하며
거북 등 같은 살갗 속에
여린 새순 같은 너를
사진처럼 넣고 한겨울을 보냈다
아직 어린 것들이라
말을 걸어오고 웃음 지을 때
내가 살아있음을 느낀다

3부

아침에 눈을 떠서

한 자루의 빗자루가 되어

생각의 꼬투리가 둥지를 틀기 전
신은 나를 선택하셨다
공교롭게도 나는 그것을 감지하지 못 했고
허기진 배를 "어떻게 채울까"하는 걱정에
세상을 제대로 볼 수가 없었다

신은 그런대로 내버려 두었다
몇 번의 강산이 변하여
비율이 오십대를 넘어서야
한 자루 빗자루가 되어
신과 눈을 마주칠 수 있었다

얼마나 오래 동안
사랑으로 참고 기다려준 걸까

처음 같은 마음이소서

- 가브리엘 주임 신부님 사제서품 10주년에 붙여

당신은 삼년 전 바람처럼 소리 없이
우리 곁으로 오셨습니다
처음에는 알 수 없는 걱정에 폭풍이 지날 듯했지만
화창한 날 눈부신 태양처럼
우리들의 마음 사랑으로 엮으려
구슬땀 같은 기도를 남모르게 수천 번 했겠지요
하늘 같은 마음 중 눈곱만큼일까
당신이 즐겨 부르시는 노래를 듣고
얼마나 우리를 사랑하신가 알았습니다
아무 색깔 사제복이 잘 어울리시는
당당하신 당신 모습에는 모두에게 친구 같고
그리고 가장 존경하는 우리들의 신부님이십니다

강산이 변하는 십년 사제 생활
앞으로 사십년 또한
늘 처음 같은 마음이소서

기도

내 시선 둘 곳 몰라
서성거리다 머문 곳
뺑 뚫린 당신 발등에 깃발을 꽂습니다
살다가 잦은 생채기 표시인 듯싶어
소리 없는 눈짓으로 눈물 흘리며
무조건 당신 앞에 무릎을 끓습니다
살다 지친 수천 만 갈래 마음
한 가닥으로 묶어
텅텅 비게 해달라고
모자람을 사랑으로 채워달라고
두 손을 모읍니다

성지순례

히브리서 2장 7절
'인간이 무엇이기에 그를 기억해주십니까
사람이 무엇이기에 그를 돌보아 주십니까'라는
꿀물이 뚝뚝 떨어지는 말씀이 떠올라 묵상하게 되었다

구약에 구름처럼 일어나게 하리라는
그 번창은 살면서 하늘의 변화를 알 수 없듯이
바람은 구름을 가만 두지 않고 흩어지게 하듯이
순간 바뀌는 구름이 되지 말고
금처럼 변화하지 말라는 메시지를 받았다

주님!
인간이 무엇이기에 기억해주시고
바보짓만 하고 철부지 같은 저희를 돌보아주시는지
알 수가 없습니다

오늘도 마음 깊이 용서를 청하고
고맙다고 말하고 싶습니다

주님! 저를 돌보아 주시고
사랑해주셔서 고맙습니다

누가 묵상거리를 던져주나요

- 양 글로리엣다 수녀님

수녀님!
지난 주말 갑자기 한국으로 떠나셨다는
소식에 참 많이 황망했습니다
언젠가 가셔야함을 알지만
이렇게 총총 걸음으로 가실 줄 몰랐습니다
당신이 남기고 간 싱그러운 오월 닮은 미소
연둣빛 잎사귀 잔에 입 맞추듯
우리를 어루만져
한 처음이 아닌 세상을
그곳에 버틸 수 있는
볼 수 있는 창을 만들어놓고 가셨습니다
사는 동안 외딴 마을에
빈집이 되고 싶어 하셨던 오붓한 당신
당신이 그리워 그 창 앞을 서성거리면
이제 누가 묵상거리를 던져 주나요

당신이 남기고 간 모든 것을

- 떠나시는 김동진 사무엘 신부님

남 앞에 노래 부르는 것이 쑥스럽다고
할머님 치마폭에 얼굴 묻는 모습
처음 눈에 들어 왔을 때
주님 말씀 그대로
당신은 진정 어린아이 같았습니다
그런 참 모습이 뜨거운 열정 되어
언젠가 모든 교우들 숙인 머리
안수줄 때
사스락거리며 제게 온 것은
온전히 주님의 손길이었습니다
또한 많은 젊은이들도
당신 앞에서 속절없이 무너지기도
일어서기도 하면서
계시는 동안 함께 삶을 담금질했지요
신부님!
당신이 여기서 처음 겪은 일들
두고두고 생각날 듯하지만
지금 저는 고개 만 들어도 잊어버리기 쉬운 나이
당신이 남기고 가는 모든 것을
느끼며 살아가겠습니다

아픈 것도 기쁨이 되어

아픈 것도 기쁨이 되어
내 자그마한 몸
오늘 천사가 되었다

원래 실 한 올 같은 삶
누구나 사는 것이 실타래 엉키듯
딸도 늘 다녔던 성당 마다하고
혼자 집 가까운 베이사이드 성당으로 다녀
무척 마음 쓰였다

주일 몸이 아파 성당에 봉사할 수 없어
딸과 같이 바쁜 걸음 걸으며
베이사이드 성당에 갔다
미사가 끝난 후 하느님 보시기에 이뻤는지
몇 년 동안 마음 닫고 있는 딸 옆에 앉았던
수녀님이 딸에게 말을 걸어 오셨다

"참 모습이 이뻐 보이네 봉사 좀 할래?"
아이가 대학 들어가기 전
다른 사람을 통해서 내가 부탁 했던 일
그렇게 노력해도 안 이루어졌는데
당신의 뜻이 오늘 맞닿았다

그대와 나는

그대와 나는 적당한 거리를 두고
볼 지어다
숨 못 쉬는 것 눈치 채지 못하게
계절이 바뀔 때마다 겪는 생채기
보이지 않게
눈으로 만 살짝 왔다 가는
그런 사이였음 좋겠다

독 속에 무던한 짠지
묵직한 돌 하나 깔고 있는 것처럼
말을 안 해도 그리움 하나
옆에 끼고 살아
볼 수 없어도 굴러다니는 낙엽이
그대이며
눈을 들어 바라보는 저 하늘 끝자락
그 끝에서 살갑게 다가오는 바람
그대의 목소리라고

무엇이 두려운가

무엇이 두려운가
당신은 늘 한 발자국 앞에 서 있는데
당신의 눈높이 맞추려다
당신의 뜻 헤아리려다
내 마음 속에서 당신을 잃어버리기 십상인데
당을 찾아 나서다 비슷한 것에 이끌려
당신을 저 버린 일이 많은데
아무리 내려놓아도
나만 꼭대기 대롱대롱 달려
님 높은 줄 모르고 상처만 입히고 있는데

언제나 끝이라고 마무리 하는 습관
그것이 시작이라는 것을 모른다
해가 바뀌었다고 수선 떨지 마라
오늘도 어김없이 뜬 해를 바라보며
하루를 보내고 있는데

내 삶 한 가닥을 꼬아본다

기술자가 왔다
일 잘한다고 손님이 말을 하고 갔다
하느님을 잘 알고 감사할 줄 아는
참한 사람이다
일손도 빨라 주인이 흡족해한다
특히 주인이 좋아하는 반찬, 잡채를 싸들고 왔다
보이지 않게 주인이
그 친구에게 잘 해주어도
내가 질투를 안 했으면 좋겠다
그녀 때문에 하루를 더 쉬어
생활에 주름이 잡히지만
쉬는 날 목요일 이미 잡힌
성경공부 가서 말씀을 듣고 보니
뜻 한신 바 나를 이끄셨다
그 곳에 함께 하게 되어
기뻤고 참 감사했다
따뜻한 봄이 와 바빠지면
주인이 "나와서 일 하라"라는 말
듣지 않게 되기를
내 삶 한 가닥을 꼬아본다

오늘도

오늘도
하늘의 뜻 그대로 이루어지소서
우리가 그 안에 오롯이 있게 하시며
언제 어디서나 순명을 행함에
마음 다치지 않게 성령을 부어 주소서
누구를 볼 때 온전히 당신 볼 수 있도록
마음 깨끗하게 하소서
이 자리가 언제나
제 자리라고 앙탈 부리지 않고
자리를 비워 줄 수 있는
넉넉함으로 쌓여 주어진 일상생활
잔잔한 호수 파문같이 입가의 미소
활짝 번지게 하소서

사랑 · 2

누구나 버선발로 오셨을 당신이 계셔서
행복한 나는 복입니다
넘치지 않게
먼지처럼 내려앉은 그것을
설탕이 솜사탕 통에 들어가 달콤한
솜뭉치 되어 나오듯
세상으로 부챗살 펼치듯 나누어야겠습니다
살면서 느끼는 입장의 차이 있다 하여도
웃음으로 주어야겠습니다

아낌없이 주어서 다시 오실
의로운 당신 발자취를 기억해겠습니다

온종일 내리는 눈

- 홍마리 코르디스 수녀님을 생각하며

셀폰에 불쑥 나타난 "알 수 없음" 표시가
부재 중일 거라는 생각으로 번지며
창가에 눈은 당신 미소처럼
새록새록 단아하게 내려 삼 층 붉은 기와
나뭇가지에 그리움으로 쌓입니다

순명으로
애초 무거운 발걸음 누르고
여기 오신 당신
옷깃에 스치는 첫 느낌이 무작정 좋아
나날이 환한 얼굴이 되셔서
일상이 분주했을 때
참 행복을 더욱 빌어드렸습니다

당신의 삶은 켜켜 잘 개어놓은 손수건
그곳에 손수 수를 놓은 듯
입가에 번진 말씀이 꿀처럼 달아
누구나 무엇이나 묵상케 하시는
아브라함에게 주신 복 같은 복을
저희에게 미소로 날려주셨습니다
>

주저함 속에 밥 한 끼 함께 하지 못하고
떠나 보내드려 가슴이 허허롭습니다
목련 수련화 닮은 수녀님!
벌써 당신의 그 빈자리
기억이라는 낱말로 채워놓습니다

- 2014. 2. 4. 윤금숙 요셉피나가 임기 마치시고 떠나신 홍마리
코르디스 수녀님을 생각하며

되짚어 곱씹으시는

- 홍 마리 코르디스 수녀님

평일 목요일 오전 시간 되면
몇몇 눈에 보이는 특별한 것 없지만
함초롬 핀 목련을 닮고 하느님 같은 성심 가진 데다
성모님 마음까지 꿰찬 홍 마리 코르디스 수녀님의
성경 공부 듣기 위해 모여 앉는다

나누시는 말씀이 좋아
다시 들어도 늘 신선한 묵상거리
눈길을 뗄 수가 없지만
사정이 생겨 더 이상 들을 수 없게 되었다

열애에 빠졌다 실연당한 사람처럼
망인 된 기분 같다 너무 아쉬워
못 나온다는 말을 못하고
눈길 피해 총총 나선 발걸음

무슨 의미를 부여 해 주고 싶으셨을까
오늘 따라 지난번에 했던
하느님이 아브라함에게 주신 복처럼
"너는 복이어라"라고
되짚어 곱씹으시는 수녀님!

사순 시기에

눈으로 보는 것만이 능사가 아니다
보고 만져야 비로소 만족을 하는
지체 높은 글귀 붙들고 상처주고
할켜 대는 세상에 사는 우리
그곳이 광야인데
추운 겨울 넘기고
봄이 왔다고 미련 없이 버리고
맞이하지 않은가

버려야 사는 세상
잔뜩 움켜쥐고 살아 멍든 가슴
그 가슴으로 기도를 한다

“따스한 햇살 한 줌
빗나간 가슴에 스치게 해주소서
눈부심 환희 오늘도
오래 느끼게 해주소서”라고

떠나시는 한 프랑카 수녀님

아침마다 뜨는 해를 따라
켜켜이 쌓인 정은
벌써 삼년이 웃돌아
당신의 엷은 미소 황금빛입니다

오십 즈음 해를 훨씬 넘긴
당신의 짧게 다듬어진 손톱
새악시 볼 같은 풋풋한 꽃잎입니다

밤하늘의 별을 그려 보게 하는
당신의 총총한 가슴은 예지가 가득 담긴
우리 모두의 옹달샘입니다

그 샘물에
덜컥 발목이 잡혀
그리움 넘쳐흐릅니다

아침에 눈을 떠서

눈을 떠서 들려오는 새소리에
오늘 있음을 감사하며
하루를 살더라도
늘 단추 구멍처럼 생겨나는 바램
더 커지기 전에 온전히 비워
사랑하는 사람들
봉헌으로 채워 놓을 수 있으면 좋겠다
갈 곳이 한정되고 일정한 삶
쓰일 도구가 되었다는 점에
더욱 감사드리자

청춘에게 만 있을 법한
피 끓는 열정 성숙할 대로 자라서
낮음의 자세로 있는 것을
자연스럽게 받아들이며

당신의 뜻을 먼저 깨달아
누구에게나 행복을 줄 수 있을까
맡겨지는 지금 순간이 좋다

4부

이 몹쓸 계절병

2월에

아직은 봄이 아닌가 봅니다
그리 춥지 않은 겨울을 지내면서
한 코 한 코 늘려 목도리 하나 만들다
앞선 유행 따라잡지 못해 내팽개친 실 바늘이
몸 구석구석 쑤셔대는 것을 보면

엉클어진 실타래를 보듯이
가슴 속에 실마리 잡지 못해
뜻 하나 풀어 내지 못하는 것을 보면
아직도 봄이 아닌가봅니다

하지만 한 낮에 눈부신 햇살 쫓다보면
기대하는 만큼 봄은 오겠지요

삼월에 내리는 눈

달 찬 산모 같이
진통 앓는 하늘

아침 창가 바짝 붙어
심술궂은 손짓하더니

막 태어난 아이처럼
흩날리는 눈발

골목마다 거리를 누비듯 좋아라
소 웃음 짓네

춘삼월에 핀 꽃

손바닥만 한 뜰에
춘삼월 햇살 부스러기 안으며
하얗고 노란 꽃이 오손도손 피었다
민들레처럼 작은 튜울립 꽃모습으로
잔디에 묻혀 숨 죽여 살다
부활 미사 드리고 돌아온 가족들에게
겨우내 축 쳐진 어깨 감싸주듯
입가에 웃음을 터트렸다

봄날에

거리마다 열애사실을 발설하고 싶어
근질근질한 입술처럼
찬란하다 못해 터질 것 같은 짙은 봄날
어깨 내려앉는 줄 모르고
시퍼런 하늘을 떠받들고 있다

지난 가을 종신 서원하신
세라핌 수녀 일행이 힘들게 가져온
토종꿀 봉헌초를 몽땅 팔았다고
입가에 함박웃음 꽃 피었다
성소후원회에서 점심을 대접할 수 있어서
과달루페 성지 순례 못 떠난 내 마음
가뭄에 해갈처럼 되었다

자동차로 오신 수녀님들은
너무 멀어 수고에 지쳐서
노릇노릇 잘 구워진 갈비 대신
진한 봄에
회냉면과 돌솥밥을 드셨다

4월

온 세상 솜틀처럼 돌아
작은 입자에도 깊은 뜻이 박혔다

흙먼지 일어나듯 내지른 가지마다
입술이 순해지는데 별안간 봄이라 한다

변변한 추위 떨치지 못하고
그냥 가는 것이 아쉬운

독사 한 마리 내 안에 똬리 틀고 있는 듯
여남은 목울대 뜨겁다

가볍지 못한 몸
회오리바람으로 길을 나서보니

조만조만 핀 들꽃
그만 순정에 빠졌다

진달래

순간, 초경처럼 눈가에 묻어나
하늘이 하얗게 부서지는 현기증이 났다
나무에 쏟아진 정제된 웃음이 폭풍 맞았나
경계선 없는 건너편에서
그가 숨죽이며 내게로 걸어와 바람 잘 날 없이
삶 속으로 스며들었다
일부가 되어버린 한 치 그리움도
약이 된다고
그대로 두어보기도 했다

언젠가 이른 새벽에 다다른 풍기역
쥐도 새도 모르게
사라질 위기에 빠지나 쉽게
용케 뚫고 오른 소백산 정상 언저리

누군들 가슴에 불씨로
흐드러지게 핀 진달래가
갑자기 가서 보고 싶어졌다

개나리꽃

화사한 봄 볕 가득한 날
갈대숲에 묻힌 개나리
요망한 갈대 생각에 눌려
예쁜 노란 옷 입고
마음껏 뽐낼 수 없었는지
사람들 발길이 그리웠는지
초록으로 지쳐있네

아! 어쩌나
저 개나리

개나리가 피었습니다

비가 구질구질 내려서
손님 하나 없는 가게 문 닫고
오는 고속도로 길가에
며칠 농도 짙은 풋풋한 햇살 때문인지
누렇게 개나리가 피었습니다

해마다 내 살았던 담장너머에는
속마음 감출 수 없어
함박웃음처럼 눈부시게 희망을 꿈꾸는
꽃으로 휘파람 불지만
지금 개나리는 눈물이 득합니다

비는

비는 깔깔대며 수직으로 떨어져
수줍은 내 발바닥을 간질이며
케케묵은 옛 이야기 보따리
내 놓으라하네

한 보따리
두 보따리
.
.
.

지루한지
마침내 빈 가슴 적시고선
긴 하품처럼 안개비만 뿌리네

잔디

그 누구 등살에 싹둑싹둑 잘리어
키 자란 모습을 보기 힘들지만

산야에 꽃망울 터트릴 적마다
언제나 웃음 잃지 않는다

이른 아침 산책길에
영롱한 이슬 머금은 너의 모습

여태 살아온
내 등살 간질이어도

보름달

뭐가 그리 급해
해도 지지 않는 푸르스름한 하늘에

하얗게 사색이 되어
동그랗게 떠 올랐을까

자꾸 구름에 미끄러지고
무슨 말을 하고 싶은 걸까

하기사 등진 놀 하늘에 두고
고운 눈빛 갖는 너는 애가 타겠다

비가 옵니다

비가 옵니다

예쁜 병아리 부리 콕콕 찍 듯

때론 달리는 말발굽처럼

수줍은 햇살 구름으로 가리고

보석함 쏟아 붓듯 비가 옵니다

비 오면

비 오면
낮게 내려온 하늘에서
가시가 돋아 쏟아 붓는지
가슴에 구멍이 생긴다
며칠 카메라 렌즈
맞추듯 비가 내려서일까
사진처럼 기억하고 싶어서
습관처럼 일방통행 길 따라
바닷가에 간다
짠내 없이
바다라고 출렁이는 파도
오도 가도 못하고
내 발등만 간질이고 있다

아카시아 꽃

갈래머리에
폭 넓은 후레아치마를 입고 꿈꿨던
교정에 날리던 아카시아꽃 향이
실바람 꽃대에 금방 터트릴
그리움 실어와
꼭 닫힌 차창으로
숨 죽여 향기 뿜어냅니다

7월

물이 오른 나뭇잎 다시 살아가듯
지나가는 바람을 불러다
햇살 만족시키는
맛깔난 섹스를 한다
모로 누워 잡힌
몽올한 유선 줄기 같은 밤하늘
비가 유성처럼 쏟아진다
제 철 들어 우는 매미
기승부리는 찌는 더위 뒤 끝이라
대나무 껍질 엮어 갇힌 가슴에
아픔은 없다
하여간 끊이지 않은 궁금증
발목 잡고 놓지 않아
일상이 어지러운

하늘

닮고 싶었다
일탈에서 벗어나 거리감 없이
촉을 두 눈에 두고 보면
렌즈에 찍혀서 같아질 거라
없는 벽을 만들고
그 앞에 갖다 세워두면
얼마를 버텨야 너와 마주칠 수 있을까

쉴 새 없이 무너지는 욕망
번뇌 같은 생각을 낳고 살아
그 안에 있어도 없는 듯
사계절 지나고 보면
걸친 옷 같이 헐겁다
인생은 이어달리기라 했던가
가끔 텅 비어내어 너의 시린 모습에
숙명처럼 나누는 대화가
가벼워 좋은 것은

낙엽의 꿈

그 많은 빛 중에
유독 한 줄기만 원하는지
그대는 아십니까

온 종일 그대 눈길 속에
내 마음 타들어
붉게 물들고 싶어서

힘없이 나약한 바람에도
뚝! 떨어지지 않으려고
온갖 생각으로 버티는 이유를

얄궂은 조각구름이
눈길 가리어도
고운 자태로 뿌리내리고 싶은

나목(裸木) · 1

길 걷다가도 볼 수 있는 너는
카랑카랑 목젖 젖히며 웃다가
얼굴 붉히며 누구에겐가
기울어진 마음 나누어주고 싶어
하루에도 수십 번씩 거리를 나서는
늘 그럴 줄 알았지

그러나 이젠 남은 것이 없는 너는
오늘은 뼈저리게 울고 있다

나목(裸木) · 2

한 계절 내 안에 갇혀
온 세상 품을 수 있을 거라 생각했다
인적 드문 길가에 서 있으면
그 간절함이 덜하겠지만
오고 가는 발길 많은 인도
가로수로 있으면 가능하지 않겠는가
정말 내 물관을 타고 세상이 감겨온다
그로 인해 정지된 착각에 빠지지만
지금은 적절한 배분이 필요한 때
강풍으로 일어난 먼지
내 살갗에 붙어 한겨울 난다 해도
옛날 정에 녹아
벗어 놓은 옷가지 찾고 싶은
거짓 없음이 증명될 때
다시 그대를 부르리라

낙엽 하나가

처서가 지나서
곧 가을이 오겠지
생각하기도 전에 현관 앞
낙엽 하나가 파문을 지으며 떨어진다
사방이 푸른데
철모르고 남보다 일찍 서둘렀다고
해맑은 눈웃음 짓는다

해마다 따스한 가슴 지니고
향기 풍기며 한 세상 더불어 살다
자식마저 내려놓고 왔노라고

가을

푸른 하늘만 바라보다
거침없이 구름 낀 날이 있다는 것을
미처 생각 못했지요

아침마다 창가로 쏟아지는 햇살에 하염없이 곱던
잎새들 새벽 찬 이슬 맞으며
색 바래질 줄 미처 생각 못했습니다

그러나 세월 앞에 애가 타서
속절없이 무너지기보다
황금 같은 가을사랑을 꿈꾸어봅니다

이 몹쓸 계절병

저절로 높아지는 하늘 바라보면서
거리의 나뭇잎 지는 줄 몰랐다
저 때깔 좋은 잎새 물들인 아침 이슬 농도 속에
해 마다 손님처럼 찾아오는 이 몹쓸 계절병
컹컹 짖어 대는 사냥개 같이
킁킁거리는 똥개 같이 목울대를 점령한다
갓 태어났을 때부터 몸에 열이 많아
파 죽은 듯 앉아 알코올에 담겨 질 때도
소리로 내 뱉지 않았던 그 열
기숙사에 가 있는 아들전화기에서
영락없이 쇠죽 끓는 소리가 났다

커가면서
제 풀에 넘어지나 했는데

따스한 들녘을 달려보아라

세상에 못 미칠 일들이 허다하다지만
따스한 들녘을 달려보아라
솜털 하나까지 흔들리게 하는
바람이 죽은 영혼 까지 일깨우는
햇살이 있다

빈약한 가슴에 소망 한줄기 싹 틔움을
버겁다 하지 마라

살면서 맑은 영혼 살찌우느라
책도 많이 읽고
남들이 마다하는 일
소명 받아 평생을 업으로 삼았으니

앞으로 그대 삶은
모든 것이 다 미칠 것이리라

계곡물가에서

바람이 데려다
계곡물에 힘없이 떨구어진 나뭇잎
물살에 휩쓸려 가지 않고 버티고 있다

버티느라 몸 일부가 떨어진다
그의 안간힘 쓰는 마음이 드러나서일까
유독 물이 맑다

며칠 전 이유없이 들어와 앉은
날이 선 말들이
물속에서 거품을 일으킨다

그럴수록 살 힘이 떨어진 속을
빛줄기처럼 굽이져 흐르는 냇가에서
들키고 말았다

그 물살을 견디고 있는
담근 내 발이 눈부시다
고개 숙이어 하나 건져 내가 데려간다

바람이 들다

호수 주변은 어두운 밤이라
일방통행임에도 반대로 거슬러 가는데
누구하나 거들떠보지 않았다

깜빡깜빡 노랗게 변색 된 신호등보며
급회전하는 눈 속에
하얀 백조 떼 둥둥 떠다니는
불빛에 일렁이던 물결은
어느새 눈물 되어
동산만한 꿈 하나 산산조각을 내고 말았다

힘겨웁게 타향살이 하는 동안
십육 년 살 맞대고 살다
시선을 마주 볼 수 없는 사이가 되었다

남자는 기울어진 한이 많은지
목발 짚고 남은 삶
철판구이 해 먹을 듯
어둠 속을 꼭꼭 찍으며
혼자서 자식들이 있는 집으로 향했다

노을

불이 났다
실핏줄 같은 나뭇가지
지붕 위에서 하늘가까지 온통 벌겋다
불길은 교향곡 흐르듯
백조가 호수를 거닐 듯
사뿐사뿐 다가와
삶의 지친 어깨 위에
사랑의 세레나데를 불러준다

세상에 불구경하면서
이렇게 황홀하기는 처음이다

가을비

어둠 깔고
살포시 내리는 비

이 가을
청승 떠는 모습일까

내심 안타까워
차창을 유심히 살피니

똑 똑
옥구슬 꿰고 있네

겨울 문턱에서

삶에는 견고하다 못해
질긴 뿌리를 내리고 있다고
늘 생각했다

한 계절 잘 나면
그냥 한 해가 가는가 싶었는데
바람인지 그 쌀쌀함이
따스한 햇살에 살찌운 얼굴
온통 뒤흔들더니
새파란 하늘 향해
헐거워진 내 몸 맞히는
시늉만 한다

12월을 맞으며

붉게 물든 나뭇잎 하나
가슴에 묻고 있으면
참 좋으리라 생각했지요

한 해를 보내는 겨울이 되어서야
남은 잎 하나마저
떨궈야 함을 알았습니다

그래서 한적한 거리에 서 있는
나무를 볼 때면 축제를 열어야겠다고
다짐했지요

언제부턴가
하얗게 하얗게 변하기 시작하는
머리카락에 꽃을 피우는 눈꽃 축제 같은

창가에 내리는 첫눈

어떤 이탈을 꿈꾸었는지
생각이 안 난다
단지 밖을 보니 눈이 오고
기쁨이 일렁거릴 줄 알았는데
무감각이다

그냥 가버렸나 보다
세상 밖이 두려워
까치발로 바라보고 있어야 하는
나약함이 닮았지만
저것은 희망 덩어리

아이들의 끝없는 방황
적잖이 불편함의 연속이지만
다행이 나풀나풀
온 몸 던져
땅 속으로 쳐 박힌 눈 그치고
심장 박동은 정상이다

눈

살면서
눈 한번 질근 감으면 되는 것을

네 눈에 갇혀
그만 얼음이 되었다

가끔, 해빙기에 눈 밖에 나서
안절부절 눈물 쏟기도 하지만

실낱같은 눈길 끌어다
첫 발자국 남긴다

한파

쿨렁쿨렁 끓어오르는 라지에타
너의 피나는 성토에 응하는 것처럼
둔탁하게 죽은 세포를 깨운다
방 안 온도가 쉴 새 없이 올라간다
바깥은 한데 바람으로
살갗의 각질처럼 얼음 얼었다
분주한 스케줄 멈추고
트라우마 생겨 갇힌 듯
하얗다

그때마다
눈곱만큼 너를
하늘에 가둘 수 있을지

무엇에 질렸을까
살아온 날 짚고 되짚어도
물 흐르듯이 가고 있는 세월

진행형으로 살고자하는
그 속을 용케 알아차린 바람
휘파람 분다

2020년 봄날에

아침을 먹다 커피가 마시고 싶어
세븐일레븐 카드를 꺼내 들었다
미쳐서 돌아다니는 코로나 바이러스 때문에
'자택 대피 명령'이 내려진 거리는
그 어떤 날보다 차들이 많지 않았다

커피를 받아 들고 걷다가
물 먹은 나뭇가지 끝으로
햇살 없는 바깥 일상의 눈길이
배경 없는 사진 속 걷는 듯하다

비가 왔다 간 뒤라 물 흠뻑 머금은 새순
순명처럼
앞으로 살아갈 날 모르고
세상에 꽃 피울 멍울 터트리는데
거리마다 화사한 꽃은 피고 시간은 많은데
즐길 여유가 없다

옆집 꽃나무도 무심하게 지나갔고
들려오는 줄 이은 부고 소식도 그렇게 지나가는데
이 봄날에 길 잃지 않기를 바랄 뿐이다

5부 (수필)

진복아 수민아, 고맙다

어린이 미사시간

오늘은 성당 지하 자그마한 카펫공간에서 어린이 교리시간 대신 그림 대회가 열렸다. 여러 아이들이 운동화 밑바닥을 보이며 배를 깔고 엎드려 그림그리기에 열중하고 있었다. 우리가 책을 파는 좌판 옆으로 와 놓여진 책상을 이용하는 영리한 아이들도 있었고 몇 아이들은 그 옆을 어슬렁거리며 그리지 않는 아이들도 있다. 그래도 단상까지 올라가 엎드리고 앉고 하면서 보이지 않는 자연을 그리기에 여념이 없는 모습에 미소 짓게 한다.

우리 아이 둘도 낡은 카펫에 운동화 창 보이며 다리를 꼬며 한 시간 남짓 그리고 있었다. 그 와중에 할머니들의 모임인 안나회에서 작년 성당에서 있었던 미 교구와 성당의 갈등 중간에 있는 부제의 잘못을 다시 들춰내고 계신다.

사실 덮어진 것이 아니라 한인 교우 분들의 시위로 미 교구에서 한인 퀸즈 성당을 폐쇄한다하니까 이렇게 커가는 아이들을 위해서 하루아침에 가슴으로 삭인 그것을 다시 입으로 마무리 하는가 보다. 떠나신 김일영 신부님의 사제의 길에 다시 한 번 기도드린다.

여기 미교구에서도 인정한 신부님! 힘없고 약한 자 옆에 늘 계셨던, 그래서 떠나기에 앞서 마지막 강론시간에 가요를 부르고 내려 오셨던 신부님!

"이른 아침에 잠에서 깨어 바라볼 수만 있다면…"

여기 어린이 미사 시간은 참으로 특별한 점이 몇 가지가 있다. 아기를 안고 부부가 미사를 보는 가정이 참으로 많이 눈에 띄고, 미사 시간도 소란스럽지 않게 진행되어진다. 아이들의 특성을 고려하여 하나 걸러 앉아 있는 모습과 신부님의 강론시간에 물어 보면 일제히 손은 들지만 참으로 조용하다.

그 손든 모습은 제각각인데 자기를 드러내려 일제히 흔들지만 "저요, 저요."하며 소리하나 내지 않는다. 좀 웅성웅성하는 움직임만 있으면 교사가 "쉬!" 한 동작으로 조용해지기도 하는 참으로 이쁜 모습에 늘 가슴으로 미소를 짓게 한다.

- 2003. 6. 2. 06:23

친구들아 고맙다

금요일 가게 일을 마치고 식구들과 저녁을 먹고 옆집에서 빌려준 비디오 "해신"을 보려고 하는데 "따르릉……." 전화벨이 울렸다.

나는 할머니가 또 보고 싶어 전화 한 것이라고 아이들에게 말하면서 전화를 받으니 동생이었다.

"아버지 돌아가셨어……."하면서 전화를 끊었다.

나는 그 소리를 들으며 울음이 터져 나와 대답도 없이 울고만 있었더니, 전화기 넘어 우는 소리를 들으시고 엄마께서는 왜 알려 주었냐고 동생만 나무라는 소리가 이슬비처럼 사라졌다.

내일 여행사에 한국에 당장 갈 수 있는 티켓을 구입할 생각하고, 한국에 있는 친구들에게 전부 전화를 할 수가 없어 한 친구에게 전화를 해 아버지가 돌아가셨다고 알렸다.

연고도 별로 없어 찾아오는 발길이 그리 많지 않을 거라 생각도 되어 마음이 쓸쓸하였는데…….

아버지 자리 봐드리고 오신 엄마께서 "너 친구들 다 왔다 갔다. 너무 고맙더라……. 너도 없는데 왔더구나……." 하였다.

또한 큰 아주버님 둘째 아주버님 형님까지 오셔서

빈자리를 채워 주셨다한다.

이곳에서도 레지오 단원들이 집으로 찾아 와 연도를 해주어 아버지 가시는 길 평안을 드렸고 지난 주 특전 미사 때 연 미사로 올려 단원들 모두 참석하였다.

"아버지……. 어렸을 때 그리 엄하게 키워 제가 커서는 아버지 좋아한다는 말씀 한번 못 들으시고 눈을 감았네요. 그래서 마음이 저리지만……. 안 그래도 고해성사 했답니다. 제가 못 된 딸이라고요. 아버지……. 다음 생에서는 아버지가 하시고 싶으셨던 공부 꼭 하셔서 강한 사람이 되셔요. 아버지는 마음이 참으로 약하셨잖아요. 아버지 사랑합니다."

- 2005. 5. 4. 1:16

큰애가 많이 아프다

큰애가 많이 아프다. 어렸을 때부터 병치레를 많이 했었는데, 아니나 다를까 계절이 바뀌면 배추 삶아 내듯이 몸이 아프다

아이들 보험이 만기가 되어 재가입을 못해 쩔쩔 매는 엄마들을 보았을 때 이해가 안 되었는데…….

사는 것이 무엇인지, 내가 지금 그 부모와 똑 같이 아이 보험을 못 쓰고 있다.

늘 감기 걸리면 기침이 심하여 폐렴처럼 아팠는데, 며칠 기침이 심하여 약을 먹고 빨리 나았으면 좋겠다.

내일 주일 여덟시 미사 복사를 해야 하는데 아침에 툴툴 털고 일어났으면 좋겠다.

- 2005. 6. 5. 11:40

정란이가 뉴욕에 왔다

정란이가 뉴욕에 왔다. 며칠 전 라이온스 클럽에서 미국 10박 11일 일정으로 여행을 온 것이다. 콜로라도 강에서 배를 탄다고 통화하면서 일정 중 뉴욕에 잠깐 들린다 하였다.

어제 일 끝나고 집에 오니 저녁 먹고 호텔로 들어 간다하여 우리가 뉴저지에 있는 호텔로 찾아가기로 했다.

아이들은 두고 가려했지만 그 동안 자란 모습 보여주고 싶어, 다시 또 언제 만나려나라는 생각에 데리고 갔다.

4년이라는 세월과 뉴욕과 한국 그 거리감 때문인지 정란이와 명종 씨가 많이도 변한 모습이 무상함을 느끼게 했다.

그래도 여느 여자들 보다 우리 친구들이어서 그런지 아줌마가 아줌마 같지 않은 얼굴들로 언제나 단발머리 소녀처럼 보였는데 명종 씨와 정란이는 중후한 모습이었다.

잠깐이라도 같이 밥이라도 먹을 줄 알았는데, 일정이 바빠 함께 하지 못함 아쉽지만……, 이곳에서 구차하게 살고 있는 내 모습 보여 주지 않아 마음이 놓였다.

- 2005. 6. 17. 12:37

오늘은

오늘은 진복이가 또 일주일 캠프에 갔다. 이번 캠프는 봉사활동으로 간 것이라 아이가 많이 힘들어 할 것 같아 보내야 할 지 참 많이 갈등했다. 이번 주는 꼬박 육일 일 했기에 아이에게 신경을 써 주지 못해, 보내고 나니 아쉽기만 하다.

모이는 장소에 도착해서야 매일 먹어야만 하는 약을 챙기지 못함을 알았다. 시간이 되어서 모여든 아이들이 한결같이 참한 아이들만 모인 것 같아, 모두 엄마들 성화에 왔을 줄 알았는데 작년에 가고 너무 좋아 올해 또 간다는 한 엄마 말에 내심 안심이 되었다.

집에서는 빽빽거리더니 성당 캠프에 가서도 신부님과 친분을 돈독이 쌓아 오늘 선물까지 받은 아이 아닌가?

며칠 전부터 저녁을 먹고 침대에 모여 앉아 오늘의 성서를 읽고 기도를 했다. 다들 못마땅해 하고, 투덜대고, 짜증부리고, 자세도 바르지 않았지만 기도하라고 하면 진심으로 기도하는 마음이 참으로 이뻤다.

수민이는 오빠가 캠프 가는데 용기를 달라하고 했고 오빠 없이 혼자 지내는 자신에게도 용기를 달라는 아이였다. 오빠를 보내놓고 섭섭하기도 질투가 났는지 길을 잘못 들어 한 시간을 헤매이며 달리는 차 속에서 짜증을 부렸지만 선물가게에 기웃거리고, 신발가게에 기웃거리며…….

풀어진 수민이가 사랑스럽다.

- 2005. 6. 27. 12:23

오늘 토요일

오늘 토요일 저녁 여덟 시 반, 특전미사는 우리 가족 네 명 모두 제대에 올라갔다. 큰애와 작은애는 복사를 했고, 우리 부부는 한 달에 두 번째 주 레지오 활동으로 했다.

성당의 복사는 한 달에 두어 번 하게 되는데 신발 착용은 검정 색을 신어야 한다. 하지만 집에서 신는 신발을 대충 신고 올라갔더니 수녀님이 그 모습을 보시고는 "당장 신발 준비하세요." 남편 불러 세워 놓고 한마디 하셨다.

그래서 오늘 나는 일을 하기 때문에 쉬는 날인 남편이 아이들 구두 사 신기고 미국으로 와서 내가 늘 깎아 주던 머리, 미장원 가서 깎기고 거의 일년이 되어 가는 복사 생활 처음 하는 마음으로 집을 나서는데 하늘에 무지개가 영롱하게 떠 있어 기분이 참으로 좋았다.

하지만 미사 중에 신부님 곁에 있는 딸이 한국에 있을 때, 유치원 다닐 적에 간간이 보이던 틱현상을 지금 또 보이지 않는가! 허공으로 눈을 깜빡거리고 고개를 살짝 흔들고 있는 모습이 참으로 안타까웠다.

레지오 주회까지 끝마치고 열한시쯤 집으로 돌아오는 차안에서 전에 같았으면 "수민아 너 왜 그렇게 했니? 그러면 안 돼."하면서 말했을 텐데 오늘은 입을 꾹 다물었다.

차에서 내려 집으로 들어오는 길에 수민이 팔짱을 끼고 걸으면서 살짝 이야기 나누고, 잠들 때 침대 옆에서 기도해주고 잠들 때까지 손을 꼭 잡아만 주었다.

- 2005. 7. 10. 14:12

서너 배의 십자가를 질 이유

수민이가 SP반에 갔다. 오늘은 구월 팔일에 중학생이 된 수민이가 오리엔테이션을 했다. 원래 일 하는 날이라 큰애와 수민, 아이들끼리 학교 가기로 했는데 어제 밤 큰애 ipod 문제로 그 아이 엄마와 만나기로 해서 일 하러 가지 않았다. 어제 밤에는 가을이가 강하게 불어대는 바람이 무서워 밤새 핵핵거리는 바람에 잠 못 이루고, 나는 그 아이 엄마 만나는 생각에 뒤척이다 날이 새고 말았다.

꽉 들어찬 강당에 늦게 도착하여 겨우 마련해준 자리에 수민이와 앉고 보니 수민이는 무척 긴장이 되는지 틱현상으로 목이 간들 움직였다.

"엄마 오빠는 SP반인데 나 레귤러 반에 가면 어떡하지……."

"괜찮아. 어디에 들어가든 열심히 하면 되는 거야. 엄마 아무 상관 안 해."

이렇게 말하면서 딸 아이 얼굴을 쓰다듬는데 내 가슴이 콩닥콩닥한다.

육학년 담당 교장이 이름을 하나하나 부를 때마다 얼마나 가슴이 조였는지……. 하루 종일 가슴이 아플 정도다.

그런데 “Su Min Lee”하고 부른 반은 SP 반이었다.

작년에도 그랬듯이 수민이와 집으로 오는 길에 피자 한 판을 사 들고 들어왔다.

하루 수면을 여덟 시간 꼭 채워야 하루 일과를 원할히 하는 습성인지라 비몽사몽으로 메튜 엄마를 만나러 오후 4시 버거킹에 갔다.

결과는 예상을 했지만 자기 아이에 대해서 그렇게 모를까……. 어제 학원에 가서 자초지종 확인 한 바 메튜가 우리 아이에게 안 준 것만은 확실했다.

메튜 엄마도 학원 원장도 그 몇푼 때문에 그러는 줄 알지만 나는 진실을 확인 하고 싶었다. 보상 받으면 더 할 나위 없겠지만…….

결국 메튜 엄마는 자기 아이 안 그랬으니 할 말이 없다고 앞으로 전화 하지 말라면서 나가 버렸다. 그때 학원에서 메튜는 남들 다 교실에 들어가 공부할 때 삼십분 동안 밖에서 무엇을 했을까……. 매튜 엄마는 그 사실 조차 모르고 무조건 억지를 부리고 있다. 그래도 아들과 같이 만나 진실을 느끼고 알았으니 다행이다 싶다.

진복이는 엄마가 사 준 소중한 것을 잃어버렸지만 그 아이는 서너 배 십자가를 지고 갈 것이다

- 2005. 9. 1. 10:42

할로윈데이

시월 마지막 날이 할로윈데이다. 한 달, 그 이전부터 집 앞에 주황색 호박을 갖다 놓고 크리스마스트리처럼 치장을 해놓는 집들이 많다

나 역시 지난해에 현관에 걸어둔 호박마스크와 애플 피킹 때 사 온 호박 한 덩이 갖다 놓고 지난 토요일에 사 온 초코랫과 사탕을 준비해두었다. 동네 아이들은 자기가 좋아하는 엔젤이든지, 마귀 옷을 입고…….

집 앞에 와 "Trick or Treat"라고 외치면 준비해둔 사탕, 또는 초콜릿을 준다. 하지만 어린 아이들 14세 미만은 부모들이 뒤따라 나서야 한다. 지난해는 일요일 이어서 아이들이 서너 시부터 친구끼리 동네를 돌아 일 년치 먹을거리를 얻어 의기양양 했었는데…….

올해는 평일이라 부모가 일 하러 가기 때문에 집에 없어 수민이는 오빠 없이 다니지 말라고 엄명을 내려놓아 친구와도 가지도 못해 못내 화가 났다.

다행히 아빠와 몇 집을 돌아 한 무더기 방 한구석에 모셔 놓았다. 큰애도 태권도에서 돌아오자마자 저녁도 먹지 않고 아빠가 만들어준 큰 통 하나를 들고 동생 데리고 친구와 동네를 한 바퀴 돌러 나갔다.

우리 집은 어찌 된 일인지 현관 앞에 불까지 훤히

밝혀 놓고, 문까지 반 열어 놓은 채 기다리건만 서너 팀만 오고……, 오지를 않는다.

그도 그럴 것이 우리 집 라인이 끝 길이기 때문이리라. 옆집에도 불 환히 밝혀 놓고 기다리고 있는데…….

- 2005. 11. 1. 10:34

돌아오는 길가에서

일요일 아이들은 지금 피정 중이다. 금요일 오후 다섯 시 롱아일랜드 가브리엘 수도원으로 떠났었다.

그날은 남편과 내가 일 하기 때문에 성당으로 아이들 데려다 줄 수 없어 아이들 끼리 버스를 타고 간다. 기차를 타고 간다…….

생각 중에 마침 금요일에는 두시 반에 일이 끝나 아이들 성가대 연습을 시키러 다섯 시쯤 성당으로 가는 로사네가 생각나서 전화로 부탁해 아이들 픽업을 맡아 주었었다.

그런 아이들이 이제 두 시간 후 집에 돌아 올 시간……. 옆집과 그 이층 아저씨와 남편이 나갔다 집에 들어오는 길에 만나 후두둑후두둑 떨어지는 낙엽을 치우는 소리가 빽빽 나더니 또 모여서 이야기꽃을 피운다. 옆집 2층은 한국에서 온 지 20일이고 이곳으로 이사 온 지 1주일도 안 되어 궁금한 것이 많을 것이다.

오늘 남편은 나와 이곳에 와서 알고 지내는 교회 목사 친구가 교회의 큰 행사 때문에 플러싱에 오더한 음식 찾아오라는 부탁으로 웨체스터까지 갔다가 예배드리는 시간이라……. 그리고 특별한 모임을 하는 거라 우리는 있을게 못 된다는 내 성화에 친구 못 만나고 집으로 돌아와 마음이 무거워 꽃을 더 피우고 싶었을 게다.

그래도 친구가 셀폰으로 점심이라도 먹고 가지 그냥 갔냐고……. '고맙다'라는 전화를 받고선 마음이 굳어진 남편 얼굴이 풀어져 내 마음도 가볍다.

웨체스터에서 돌아오는 길가에 붉게 물든 나뭇잎들이 매년 보던 그 모습이 아님은 나도 마음이 몽올해 가기 때문이리라.

- 2005. 11. 7. 8:02

오늘의 아이들

오늘은 아이들 컨퍼런스 날이었다.

12시 40분 학교 현관 문 열리는 순간 백화점 세일 개점 시간처럼 몰려 들어가 아이들 듣는 각 교실에 순서로 사인업하는 것이었다.

아침 눈을 떠 보니 잔뜩 찌푸린 하늘과 부슬부슬 내리는 비 때문인지 아이들은 학교에 갈 채비도 하지 않은 채 이부자리에서 뒹굴다가…….

나는 영어도 못하면서 대책 없이 오전 수업으로 일찍 끝난 큰애 데리고 학교로 향했다. 큰애는 사이언스 선생님 헬퍼해준다고 교실로 가버려서 여기 저기 두 아이 공부하는 교실에 사인업해놓고, 선생님 만날 때 영어를 잘 하는 한국인한테 부탁하면서 그래도 한 선생님만 못 하고 대충 다 만나 보았다. 다른 사람은 서 너 사람 만나는 게 고작이었는데…….

왜냐하면 큰애 수학 선생님과 작은애 수학 선생님이 같아 수월했기 때문이었다. 그래서 수학을 잘하는 큰애 덕에 작은애가 칭찬 듣고 싶어 열심히 하고……, 수민이가 실수가 없으니 점수에서 더 앞서기도 했다. 그래도 작년에 모든 선생님한테 한결같이 듣던 "수업 시간 태도가 좋지 않다"는 말 한 마디 안 들어 좋았고…….

늘 오빠 그늘에 가려 빛을 못 보는 수민이가 뛰어난 성적은 아니지만 SP반 커트라인을 안전하게 넘어 유지하는 모습이 너무 대견하고 진복이는 내년에 특수고 시험을 보려고 열심히 다짐하는 모습이 있어서 좋았다. 영어를 잘 못 해도 아이들 컨퍼런스하고 온 것을 감사하게 생각한다.

- 2005. 11. 16. 11:30

며칠 째 저기압

며칠 저기압이 안개꽃 묶어 놓은 것처럼 다발로 안겨있다. 그것이 하루하루 생활에 꽃으로 피어났으면 좋으련만……. 아침부터 아이들마저 북새통을 만들어 놓고 학교로 향했다.

늘 사랑에 목 말라하는 딸……. 아무리 주어도 그 빈 틈을 노리고 "엄마는 오빠만 사랑하고 나는 사랑하지 않는다."고 아우성 칠 때는 하늘이 노랗다.

내 성격을 아는지라 나 역시 마음의 공평함을 잘 다스리지 못할 것 같아 한 아이만 낳기를 갈망했는데……, 세상의 둘도 없는 보석을 두 개씩이나 선물을 받고 보니 어쩌지 못하나 싶다.

솜씨가 없어 잘 못 담그는 김치를, 그래서 늘 사 먹던 김치를, 며칠 전 이번에는 직접 담갔다. 자라면서 엄마가 김치 담그는 모습을 본 것이 손가락 꼽을 정도였을 아이들……. 그때마다 쪼로록 달려 와서 맛을 보았는데, 김치 담글 때 옆에서 장기 두던 아이들 보고 아무 생각 없이 "진복아 김치 맛 봐라." 했었다.

쬐그마한 김치 통이 며칠 밖에 있다 지금 식탁에 올라왔는데, 딸아이는 "이 김치 절대 안 먹겠다."고 한다. 아뿔사, 그때 하필이면 진복이만 불러 맛을 보라 했을까…….

"수민아 김치 맛 봐라."라는 말을 안 해서 가만히 있었던 딸 아이……. 어찌 그리 융통성 없음이 나 같을까? 오늘 아침도 원자폭탄 터트리는 말을 떨어뜨리고 학교로 향했다.

밖은 따사로이 봄은 오는가 본대 마음 켠에 아직 추위에 떨고 있는 '나'가 사랑을 받고 싶어 하는 우리 딸 아이에게 그 따사로운 햇살을 보일 수 있을까 싶다.

- 2006. 3. 8. 0:32

화요일은 쉬는 날

컴에서 들리는 음악소리에 설거지를 하고, 빨래를 돌리고, 일요일에 사 놓은 배추 세 포기를 절이고, 돌려놓은 빨래 들고 빨래방에 가서 드라이 집어넣고…….

커피 한 잔 사 들고 집에 들어오니 전화벨이 울린다. 시간은 오전 열한시 반이다.

"여보세요?, 헬로우……."

수화기 저쪽에서는 아무 대답이 없다.

"엄마, 핸드볼하다 손이 다쳐서 전화했어……."

한참 만에 들린 큰애 진복이 목소리에 몇 가지 물어볼 사이도 없이 학교로 갔다. 아이를 픽업해 차 안에서 보니 생각보다 많이 다쳐 손이 부어올랐다. 오후 네 시에 수민이 안과 예약이 되어 있고 두시 반이면 수민이가 학교에서 돌아오는데……. 플러싱에 있는 병원으로 하루에 두어 번 왔다 갔다 할 수가 없어서 우선 집으로 데리고 왔다. 많이 놀라고 지친 진복이는 잠이 들고 말았다.

두어 시간 잠을 자고 난 진복이와 학교에서 막 도착한 수민이 데리고 집을 나섰다. 학교에 갔다 오면 많이들 먹길래 우선 맥도날드로 갔다가 먼저 정인국 소아과로 갔다. 선생님이 상처부위를 만져보시더니 엑스레이를 찍으라 하셨다. 일단 엑스레이 찍는 곳으로 진복이 드랍시키고 수민이 안과에 내려주었다. 다시 진복이한테 가서 엑스레이 찍은 것을 보니 엄지손가락 손목 부분 뼈가 부러졌단다. 다시 정인국 소아과로 가서 선생님에게 보여드리며 수요일 내일은 진복이가 학교 트립으로 펜실베니아 간다고 말했더니 그러면 플러싱 병원 응급실로 가란다.

안과에 있는 수민이가 걱정이 되어 전화를 했더니……, 14세 미만은 부모가 있어야 치료가 가능해서 5시가 지났는데도 그냥 소파에 앉아있단다. 진복이 데리고 병원 응급실에 있다가 다시 안과로 가서 수민이 볼 일 다 보고 같이 병원 응급실에 오니 접수를 할 수가 있었다.

그때서야 알았다. 친구와 같이 놀다 다쳤지만……, 다친 이유가 그 친구가 진복이 손을 탁 쳐서 그리되었음을……. 그 친구 엄마는 만나면 매번 말했었다. "진복이 우리 데이비드 발, 차지 말라고 해……." 그 소리가 하도 언짢았지만……, 우리 아이에게 물었더니 그런 일 없다 한다.

나도 그 엄마에게 전화해서 "당신 아들이 우리 아이 손을 부러뜨렸다. 하필이면 오른 손이라 아무 것도 못한다. 똥도 못 닦는다."라고 말 하고 싶은 생각이 들었지만, 아이에게 그랬다.

지금 너 상황이 힘들지만 많이 생각하고 잘 이겨내라고. 그런데 욕심 많은 우리 수민이 그거마저 또 시기

한다.

엄마 아빠는 오빠만 사랑한다고. 오빠가 앓으면 아픈 거마저 같이하고 싶어 하는 수민이가 사랑스럽다.

- 2006. 3. 22. 22:52

운동화끈

눈부신 햇살이 창가에 오래 머무는 목요일 아침, 살짝 블라인드를 걷어 올리고 서너 개 화분과 인사 나눈다.

어제는 쉬는 날, 아이들 학교를 끝마치는 대로 지난주에 신청한 수민이의 안경을 찾으러 안과부터 갔다. 그리고 진복이 감기 때문에 소아과로 갔다.

진복이를 진찰한 의사 선생님이 "내일 학교 보내지 마세요."한다. 나는 언제나 아이들 아파도 약을 먹이고 학교에 보냈는데…….

매주 수요일 아침은 남편이 일찍 나가기 때문에 아침잠이 많은 나에게 일어날 시간에 전화를 해주지만 그래도 아이들까지 학교에 데려다 주어야 하기에 긴장 되는 날이다. 더욱이 아이들이 깨워도 잘 일어나질 않아 신경이 곤두설 대로 선다.

아무래도 큰애는 학교에 못 갈 것 같아 깨우질 않고 작은애부터 깨워 준비하게 했었다. 하지만 문제가 생겼다. 큰애가 어제 병원 갔다가 CVS에서 약 타면서 진복이의 운동화 끈 하나 사 와서 밤에 신발을 빨아 낡을 대로 낡은 수민이 신발도 가져다 빨아준 것이 아침이 되어도 마르지 않은 것이다.

오빠가 학교 안 가고 자기만 학교 가는 것이 못내 억울했기에 구실 삼는 것이 '운동화가 젖어서 학교 안 간다.'고 버틴다.

내가 만들어 놓은 구실이라 어찌하지 못하고……. 얼른 드라이기 가져다 대충 말리는데도 꿈쩍 않고 안 간다는 작은애다. 어제 오빠가 운동화 끈 새것 사는 것부터 심통이 났고, 오빠가 필요한 것이라면 언제나 엄마가 사 준다고 억지를 부린다.

사실 진복이만 사 준 것 딱 세 가지가 있었었다.

큰애가 헌터중학교에 패스는 못했지만 시험볼 때 컴퓨터 새것 사준 것(아이 학원에 안 보내고 그 돈으로 컴을 사 준 것임), 그리고 작은애만 침대 매트 새것 사 주고 큰애는 남 쓰던 것 쓰다가… 작년부터 아이 자세가 바르지 못해 매트 좋은 거 사 준 것, 작년 큰애 생일 때 외식 안 하고 돈 조금 보태 아이팝 사 준것(잃어버렸지만)이 그것이다.

작은애는 엄마가 비싼 거 사주어 오빠만 사랑한다고 생떼를 부렸다. 작은애한테 묵주기도 오단과 책 읽고 지내라 하고선 일하러 나서는 길……. 이런 맘으로 오늘 성서 공부하러 성당 갈 수 있을까 싶었는데……. 그래도 성당에서 늦게 집에 와 보니 아침에 생떼 부려 미안했던지 수민이 안 자고 엄마를 기다리고 있었다.

사랑한다, 우리 이쁜 딸!

- 2006. 3. 31. 0:34

부활절

지난 부활절인 일요일, 생각지 않은 많은 손님 치르고 쉬는 날인 오늘까지 몸이 통통 부어 아침을 거추장스럽게 맞이했다.

내 몸과 상관없이 화창한 햇살은 봄날이라고 하늘을 찌를 듯이 솟아올라 있다. 평소에 하는 세탁 물리치고 아이들 이부자리 걷어 내어 세탁기에 빡빡 돌려 뒷마당에 자랑스레 매달아놓은 빨랫줄에 걸어 내 찌든 마음 걸어 말리 듯 말렸다.

이곳 리틀넥에 오년을 살면서 아이들과 맥도널드 같은 패스트푸드 점은 같이 많이 갔지만 한국에 살았을 때 갔었던 후라이데이 한번 가보지 못해 아이들 방학이고 내 쉬는 날이라 아침을 아이홉에 가서 브런치로 먹었다.

이 주일 전 성당에서 알고 지내는 아는 언니네가 아이들 데리고 이번 여름에 다시 한국으로 back to 한다 하여 세 엄마들이 아이들 데리고 모여 점심을 같이 했다, 그 엄마는 워낙 말랐지만 그 동안 더 말라 있어서 보기에 안쓰러웠다.

가을이면 대학에 들어가는 큰애가 뱃속에 있을 때 남편 따라 싫은 걸음으로 이곳에 와서 인지 통 살 찔

틈 없이 생활하다 늦둥이를 나으면서 하던 일 그만 두고 집에 눌러 앉았다는 그러면서 자신도 모르게 우울한 삶에 묻혀 생활하다 아이들이 가고 싶어 해 떠난다는 그네가 내 모습 같아 보였다.

며칠 째 감기인지 앨러지인지 기침으로 하루를 보내는 큰애가 고통스럽게 기침을 할 때마다 안쓰러우면서, 내가 무덤덤해지고 있는지…….

안타까움이 넘쳐서……, 모르겠다.

- 2006. 4. 19. 12:24

성당 캠프

아이들이 성당에서 가는 캠프에 금요일 갔다. 일하러 가야하기 때문에 작년처럼 로사 자매한테 아이들 성당까지 데려다 주기를 부탁했었다.

아침에 전 날 밤 아이들이 챙겨둔 가방을 다시 풀었다. 작년에 큰애에게 부실하게 챙겨준 준비물 생각하며 차곡차곡 옷가지 접고 비닐 봉투에 칫솔, 치약, 샴푸, 로션을 집어넣었다.

작년에 중학생이 아니라 갈 수 없었던 수민이는 여자라고 꼼꼼하게 빗까지 챙겨 두었다. 그래도 걱정이 되어 아이들 학교 마치고 집으로 돌아와 있는 시간에 맞추어 전화를 걸어 큰애와 통화 하는데

"엄마 죄송해요. 준비해주어서……. 반성할게요."

전날밤 아이가 준비물 대충 챙기고 컴퓨터를 하지 못하게 한다고 화를 내며 잠들었던 게 미안했었나 보다.

나 역시 지난 11월부터 특수고 시험을 준비한다고 조금 혜택 보며 다니는 학원에 성적이 오르지 않아 이번 섬머스쿨에서는 전혀 혜택을 못 보며 학원에 보낸 것을 바닥경제인 부모 탓보다 아이에게 책임 추궁하며 화만 냈었으니 미안한 일이었다.

살아가면서 소중한 것이 어떤 것들인지 아이들이 스스로 터득 할 수 있도록 부모인 내가 모범을 보이는 삶을 살았으면 싶다.

아니, 아이들이 가지는 소중한 꿈들 키워주며 아이들이 누릴 수 있는 기회를 가져 주었으면 하는데……. 그것이 자꾸 공부에만 연관시키는 내가 잘못은 아닌가 생각이 들지만, 게임에만 빠지는 아이도 걱정이다.

나는 또 작년처럼 피정이 필요한가 보다.

‘

- 2006. 6. 18. 23:59

청년의 모습으로

작년 일주일 봉사 캠프와 다른 강인한 청년의 모습으로 완전히 시커먼스가 되어 진복이가 돌아왔다. 현관을 들어서면서 배고프다고 샤워는 뒤로 한 채 손 대충 씻고 자신이 오다해 온 뜨끈한 해장국 먹으면서 1주일 만에 처음 잡아 보는 젓가락이라며 너스레를 떨면서 밥을 먹었다.

첫날부터 3일 동안 밤잠을 설치며 모기와의 전쟁을 치렀다며 요한 아저씨 아들은 얼굴이 장난 아니고, 정말 벌집 같다고 하고 캐빈은 온 몸이 벌집이 되었다고 한다. 그래도 자신은 3일 잠 안 자고 버티어 이 정도라고. 몸 여기저기 모기가 문 자리를 보여주기 바쁜 아이 얼굴을 보면서 무사히 돌아와서 다행이다 싶었다.

지난 화요일 한국 마켓에서 장을 보다 만난 캠프 보낸 다른 아이 엄마에게 "올해 11월에 시험인데 보냈네요. 그리고 아이가 물갈이가 심하고 알러지가 심한데……."라고 걱정스럽게 손을 덥석 잡으며 말하였더니 "기도 하세요. 그리고 아이한테 봉헌 미사하세요."하는 말에 얼른 장을 보고 성당에 들려 진복이 대신 수민이가 복사하는 토요 특전 미사에 난생 처음 봉헌 미사 예물을 올렸었다.

"아이고 하느님 감사합니다. 이렇게 무사히 건강히 돌 올 수 있어서 감사합니다."하며 아이 등을 쓰다듬으며 속으로 생각했다.

지난해와 달리 꼼꼼히 잘 싸 주었다고 보낸 아이에게 팬티를 하나도 보내지 않아 일주일 내내 얼마나 속상했는지……. 아니나 다를까 아이가 팬티 하나로 고난을 겪은 이야기를 해준다.

낚시하면서 고기 두 마리 낚았고……. 아침 눈 뜨면서 기도하고 저녁 눈 감을 때까지 기도했다는 이야기다. 기도하면서 가장 짧게 기도한 것이 5분 정도였다는, 그래서 기도가 지겹다한다.

우리 성당에서 캠프 간 아이들 중 네 명은 신부님이 되겠다는 말을 했다는 말에 "그럼 너는 어떠니?"라고 물었다. 내 말에 아이는 뜸도 안들이고 "안 한다."라고 말한다.

샤워를 마치고 피곤하다면서 자리에 눕지 않고 일주일 못 만진 컴 20분 한다면서 50분 하는 동안 습관처럼 나오는 내 잔소리 목까지 차올랐지만 속으로 누르며 아이가 스스로 컴을 끄기만 초조히 기다렸다. 아이는 인터넷에 떠 있는 학원 숙제 마치고 잘 깎지 않는 손발톱 스스로 깎고 잠들었다.

- 2006. 8. 7. 23:42

아들의 시험과 아침 미사

아들은 특목고 시험을 보러 떠났다. 12시 30분쯤에 시험을 보는데 학원에서 코치 버스 빌려서 간다했다. 지난 해 딱 1년 전부터 서서히 준비 했던 시험!

학원만 줄기차게 다녔지, 워낙 노력하지 않는 아이라 그 동안 잔소리를 많이 했는데……. 학원에서도 우리 집 경제 사정을 알아 혜택을 보면서 진복이가 다녔기 때문에 잔소리를 많이 할 수 밖에 없었다. 학원 입장에서는 학원 이름 걸고 한 명이라도 더 들어 가는 것이 학원 명성 날리는 점도 되고 광고 효과도 있었겠다. 그래서 아침 미사를 드리고 왔다.

하지만 늘 아침 미사를 보았더라면 이리 쑥스럽지 않았을 터인데……. 아들이 시험을 본다고 생미사 봉헌했다고 쑥 하느님 앞에 앉기가 민망스러워 도도 그리 길게 하지도 못했었다.

진복아……, 사랑한다.

- 2006. 11. 4. 23:05

수민이 열여섯 번째 생일

9월 10일은 수민이 열여섯 번째 생일이다.

따지고 보니 오롯이 수민이 생일 파티를 한 적이 없었던 것 같다.

그래서 몇 달 전부터 “너, 생일 선물로 갖고 싶은 게 무엇이니?”라고 물어보아도 통 시원하게 대답이 없다. 나는 평소에 딸아이가 열여섯 살 생일이 되면 “티파니에서 쥬얼리 사주어야겠다.”라는 생각을 담고 있었으므로 “티파니에서 목걸이 사 주고 싶은데……, 괜찮니?” 라고 물었더니 말이 떨어짐과 동시에 컴에서 갖고 싶은 모양 샤핑을 했다.

남은 방학 한 달 동안 아직도 쬐금은 남은 사춘기 걸린 오빠 신경 쓰느라 본의 아니게 몇번 약속을 안 지켰더니 밥도 같이 안 먹고……, 톡톡 쏘는 말투에 애꿎은 손톱만 물어뜯는다.

그 뒤로 생일에 대한 계획을 제대로 이야기하지 못했던 차에 지난 일요일 백투스쿨 준비한다고 나선 쇼핑길에 아메리칸 몰에 있는 티파니에 들려 컴에서 점찍어 놓은 목걸이 구슬을 샀다. 그리고 초등학교부터 알고 지내는 몇 명 친구들과 이번 일요일에 뷔페식당 예약도 했다.

수민이는 늘 부모가 돈 없는 줄 알고, 갖고 싶은 것 꾹꾹 눌러 말을 안 하고 표현을 잘 안 한다. 오늘도 백투스쿨 준비로 스테풀에서 공부에 필요한 계산기를 제일 비싼 것을 사주었더니 마음은 한 박만한데 엄마에 대한 미운 감정의 기둥을 잘라 내고 싶은 맘 없는지 아직도 말끝을 약한 솔로 올리고 잠들었다.

"사랑하는 수민아…….

늘 지혜롭고 아름답게 자라다오."

- 2009. 9. 10. 12:59

다시 사춘기에 걸리고 싶다

오늘은 나도 사춘기에 걸리고 싶었다. 주일 아침에 이부자리에서 일어나고 싶지 않아 머릿속에서 가장 복잡한 일을 끄집어내어 골머리를 앓기 시작했다. 하지만 내 머릿속은 가르마를 가르듯 "안 된다"라는 부르짖음이 벌떡 일어나 화장실로 가서 8:00미사 복사 서는 아들 위해 나갈 채비를 하였다.

아직도 잠에 빠져 있는 딸……, 몇 번 재촉에도 일어날 것 같지 않아 "9:30학생 미사 데리러 올 테니 준비하고 있어."라는 메시지 남기고 모멸차게 문을 나섰다.

다른 날보다 일찍 나서는 이유는 지난주일 아파서 성당에 못가 고백 성사를 해야 하기 때문이다. 길게 줄 서 있는데 눈치를 보면서 느끼한 고상한 할머니가 내 앞에 섰다 양보를 했다. 고해 성사는 신부님의 미사 시간 임박하여 내 앞에서 멈추고 말았다.

남편은 내게 "나중에 천국 가는 길도 그렇게 웃으며 양보할래?"라고 했다. 얇은 미소 띤 할머니를 보면서 이유 없이 흘린 내 눈물의 이유는 무엇이었을까?

오늘 따라 미사 끝나고 뚝 떨어진 베글 빵 못 먹어, 매서운 추위 무릅쓰고 성당 근처 핫베글 가게로 아들을 따라가 보면서, 가까이 다가오는 아들을 느낄 수 있었다.

언제나 엄마를 좋아하면서도 늘 교과서 식의 엄마가 얼마나 힘들었을까. 사랑한다. 아들아.

- 2010. 2. 8. 13:58

아들의 저녁 운동

아들이 어제 저녁 운동을 하러 간다고 색을 메고 나갔었다. 나는 아들 들어오기를 기다리며 성당에서 빌려온 <모세> DVD를 보다 잠이 들고 말았다.

이상한 정적에 눈을 뜨니 문 닫힌 아들 방에 불빛이 있어 들어 가 보려는데, 들어오지 말라고 손사래 친다. 다시 침대로 와서 보던 DVD를 보고 있으려니까 아들 녀석은 "엄마 생신 축하드려요."라고 하면서 선물 담은 예쁜 쇼핑백을 내 민다.

그 속에는 정성들여 쓴 손 카드와 선물이 들어 있는데, 아들 녀석 용돈 주는 것마다 밖에서 사 먹는 것으로 일삼아하는 것을 알고 "아니 너 무슨 돈으로 샀니?"라고 물었더니 "응 수민이 하고 같이 한 거야."라고 말한다. 짠순이 수민이 돈을 챙겨서 함께샀단다.

선물은 엄마 친구 블로그에 올린 사진 보여 주면서 엄마는 디카가 없어 못 올린다 했더니, 컴에 연결 할 수 있는 쬐그마한 사진기와 수민이와 자신의 사진 담고 다니라는 컴 사진첩이었다.

"엄마! 생신 축하드려요!

항상 선물이나 카드 한 장도 안 써서 죄송해요.

하지만 이번 50번째 생신은 잊기엔, 약간 아니 너무 중요하네요.

인생을 반 정도 살아 왔으니까 벌써 아쉽네요.

제가 너무 힘들게 해서 죄송해요.

11학년 되고 나서 너무 힘들게 한 것도 죄송하고요.

너무 미안한 마음이 벅차서 공부를 열심히 할 생각밖에 없네요.

엄마가 매일 열심히 일 하는 모습을 상상하고 눈물이 주룩 흘립니다.

이번 년도에 두 달 동안 학교를 잘 마치고 대학을 무사히 들어가고 나서 다시 싸웁시다.

50번째 생신 축하드립니다."

이 글은 아들이 내게 쓴 카드 내용이다.

눈물이 주르륵 흐른다.

- 2010. 4. 22. 12:18

2AM 공연티켓

지난 일요일은 수민이가 한 달 반 전에 예매한 공연이 이 번 주 금요일이라 입고 갈 옷 쇼핑을 갔었다.

루즈벨트몰로 가기 전 한아름마켓에서 일주일 동안 먹을 먹거리 시장을 보는데, 수민이가 가는 그 흔해야 할 공연 포스터가 딱 붙어 있어 처음으로 보니……, '나쁜 파티'라는 공연 제목이었다. 중국 친구와 같이 VIP 좌석이라 보통 값의 배를 주고 샀다고 했었다. 공연이 생각처럼 '2AM' 공연이 아니고 박진영 공연에 게스트로 나온다고 했다. 아는 사람도 없을 정도로 광고를 안하여 이상타 했는데, 포스터를 보고서야 알았다 그래서 수민이가 16세라 그 공연에 맞지가 않아 환불 요청을 했더니 안 해 준다는데…….

중국 청소년에도 인기가 높은 2AM……, 아무것도 모르고 살짝 나오는 것으로 아이들을 현옥 시키는 JYP……. 아이가 사 달란다고 알아보지도 않고 덜컥 사 준 부모도 책임이 있지만, 늘 생활이 침체 되어 있는 딸애가 그 공연을 보고 활력을 되찾을까 싶어서였었다.

짠순이 수민이가 헤이 코리아 닷컴에 사고팔고에 내 놓았는데, 생각처럼 팔렸으면 좋겠다.

- 2010. 5. 18. 21:27

진복이의 캠프

진복이가 일주일 캠프에 갔다. 남들처럼 두 주일 해외 유럽 여행이나 고국 방문이 아니라, 아주 저렴한 가격으로 가톨릭수도원에서 주관하는 아이들이 생각하기에 좀 힘들고 재미없는 캠프다. 아이가 7학년 때 캠프에 가서 완전 깜둥이가 되어 왔었는데 그런 캠프에 갔다.

1주일 전에는 그래도 웃으면서 나와 잘 지냈었는데 막상 가기 하루 전에는 신경이 날카로워져서 다니는 프로그램도 빠지고 나한테 하루 종일 신경질 부리고 결국에는 "캠프가 안 좋으면 갔다 와서 절대 엄마하고 말 안 해."라는 말을 하고 갔다.

가는 날 아침에 일부러 김밥을 쌌는데 몇 개만 먹고, 종일 굶어서 저녁에는 일주일 한국 음식 못 먹으니 베이사이드 함지박에서 진복이 잘 먹는 우거지국 하나 오다해와 뚝배기 그릇에 담아 주었더니 눈 깜박 할 사이에 뚝딱 해치웠다.

저녁 아홉시까지 성당에 데려다 주면 김경욱 형제님이 업스데이트 수도원까지 라이드해준다 해서 저녁 먹고 준비물 일주일 동안 입을 옷가지를 챙기는 중에도 신경이 곤두서 있었다.

이번 섬머 동안에 12학년 올라가기 전 자신의 진로 문제를 일주일 동안 기도와 묵상과 그리고 엑티브를 통해 얻으라고 보내는건데……. 자신도 잘 알고 있으리라 생각해본다.

오늘 소낙비 때문에 겪었던 문제들…….무척 힘들고 난감 했으리라. 앞으로 살아가면서 그렇게 풀어 나가리라 기대하면서…….

아이가 캠프에 가 있는 동안 나도 기도 게을리 하지 않기를 다짐해 본다.

- 2010. 7. 24. 14:05

영화 '포화 속으로'를 보고나서

'포화 속으로'라는 영화가 뉴욕은 7월 29일 베이테라스 극장에서 첫 개봉을 한다는 광고 문구를 보고 딸 수민이가 우리 집 식구 모두 영화를 보러 가자고 했다. 나는 "그래."라고 얼른 대답을 했다. 왜냐하면 엄마가 "무엇을 같이 하자."고 말하면 무조건 "싫어!"라는 대답이 나오기 때문이다.

영화를 시작하는 29일은 오빠가 캠프에 갔다가 오는 날인데 그날 가자고 하면 안 된다고 수민이는 그 다음날 30일 가자고 했다. 영화는 무조건 친구들과 보는 수민이가 같이 가자고 하는 이유는 "출연 배우 중에 좋아하는 탑이 나와서."란다. 진복이도 "영화는 친구들과 봐야 하는데 엄마 아빠와 왜 보느냐?"라는 말을 일시 접어놓았다.

내가 일을 하는 이유로 시간 맞춰 나 올 수가 없어서 영화 시작 시간이 훨씬 지나서 보느냐 다음 시간에 보느냐 실랑이를 하다 결국 20분 지나서 영화를 보았다. 영화를 보는 도중 전쟁 영화라서 지난 6월 25일이 생각났다.

그날은 차 안에서 "아아 잊으랴! 어찌 우리 이날

을…….”는 노래가 흘러나와 ‘6.25동란’ 생각을 했다. 거의 초등학교 때 듣고 거의 잊혀졌던 노래라 나도 모르게 최대한 볼륨을 크게 틀어 놓고 따라 불렀다. 아니, 따라 부른 것이 아니라, 내 목청껏 불렀다

영화를 보면서 내 소싯적 이야기……. 아빠가 소싯적 이야기를 할 때면 이제는 먼 나라 이야기 듣듯이 하여 “6.25사상을 어떻게 설명 하나?”했는데 영화가 끝나고 큰애가 제일 먼저 박수를 쳤다. 감동이 깊었었나 보다. 나 역시 “1.2세대 아이들에게 좋은 교육으로 참 잘 만들어진 영화다.”라는 생각에 박수를 힘껏쳤다.

영화가 끝나면 얼른 일어나 나가기 바쁜데……, 몇 사람들은 앉아서 그 여운을 즐겼고 일어났던 사람들도 그 당시 실제 학도병이었던 사람의 인터뷰 육성이 나오니까 나가려던 발걸음 멈추고 모두 시선을 스크린 쪽을 바라보았다.

요즈음에는 이렇게 극장에서 한국 영화를 볼 수 있어서 참으로 감사하게 생각한다. 특히 이 영화는 부모님들이 깨어 있어서 모든 아이들에게 의무적으로 보여주었으면 좋겠다고 생각한다.

- 2010. 8. 1. 12:2

영화 '이끼'를 보고나서

몇 주 전 딸 수민이가 9월 4일 한국 영화 하나가 개봉하는데 또 보러 가자고 했다. 두 어 번 가족 끼리 보았던 영화들이 재미있었었고, 매일 한국드라마와 예능프로그램을 보는 재미에 빠져 있어서 수민이 친구들과 정서가 맞지 않아 같이 보러 갈 상황이 아니어서 가족과 함께 보러 가는 것이다.

기다리는 날짜가 되어 딸이 "엄마 영화 제목이 '이끼'인데 내용이 뭐야?" 묻기에 인터넷의 '이끼' 사이트에 들어가니 별로 내용 설명이 없었다. 나는 간단하게 "처음에 만화로 시작 되어 영화가 만들어진 작품 이래 설명은 별로 없네……, 참 그런데 이 영화 '청소년 관람 불가' 영화네……."라고 했다. 그러자 "엄마 그러면 오빠는 볼 수 있잖아."라고 말하는 수민이는 오빠가 보면 자신도 덩달아 볼 수 있지 않을까 싶은 눈치였다. 나는 "그런데 여기 '청소년 관람 불가' 영화의 정의가 나와 있네. 고등학교 졸업하고 볼 수 있는 입장 이래." 라고 설명을 해주고 "이 영화는 가족 관람이 불가 하니 엄마와 아빠만 갈 수 있어."라고 말했다.

저녁을 준비하면서 웨체스터의 한 교회에서 목사로

있다가 다시 이곳 플러싱 담임 목사로 복귀한 남편 친구네 순옥이 한테 전화를 했다

"오늘 베이테라스에서 한국영화가 개봉하는데 지금 시간으로써는 10시 45분 영화 밖에 없는데 같이 보러 가자?" 내 말에 순옥이는 "그래 여기 뉴저지 동생네인데, 얼른 볼 일 보고 시간 맞춰 극장 앞으로 갈게."라고 했다. 나는 남편과 단 둘이 가자고 하면 성사률이 별로 없어 남편이 옆에서 듣고 있음에 순간적으로 순옥이네를 끌어 들여 약속을 정하였다.

영화 시간 맞춰 극장 앞에 차를 멈추는데 우리 앞에 순옥이네 차도 멈추고 있어, 만남은 쉽게 되었다. 신문에 난 시간과 인터넷에 난 시간이 맞지 않아 좀 이르게 만남을 가져 시간이 남아 커피를 마시려다 찾지 못하여 쇼핑몰 한 바퀴 걷기 운동으로 그쳤다. 영화는 마지막 상영 시간이라 선전 없이 바로 본 영화에 들어갔고 처음부터 끝까지 재미와 긴장감으로 영화에 푹 빠져 들 수 있었다. 금요일이고 평일이어서 모두 일 끝나고 피곤하여 영화를 본다는 생각을 많이 못하는지 또 연휴기간이어서 생각보다 적은 인원의 관객 숫자지만 그래도 우리만 중년층이고 모두 젊은 층 들이라 편하게 볼 수 있었다.

이곳에서 한국 영화를 맘대로 볼 수 있다니? 내 한국영화 사랑의 앞날은 참 밝아 보였다.

- 2010. 9. 5. 1:38

아이들이 하이 스쿨이라

아이들이 하이스쿨이라 별 준비물은 없지만, 그래도 명색이 Back to school 준비를 한다고 컴과 놀고 있는 아이들 떼어 놓을 구실로 staple에 갔다. Staple은 파킹장으로 들어서는 입구부터 차들로 장사진이다. 다행이 안전요원 지시 하에 장애자용 파킹랏에 파킹을 하여 시간 30분을 벌 수 있었다.

내 앞을 스쳐 다니는 어린 아이들 보며 이곳 미국에 온 지 얼마 안 되어 실정을 잘 몰라 준비물 전단지 보고 이리 저리 헤매던 그때가 생각났다.

학교 첫날 진복이는 12학년이라고 다 털어 내어 배울 게 조금 있다고 새로 산 자그마한 멜빵 가방 등에 붙이고 스쿨버스를 타고 갔고 학교에 불만이 많은 수민이는 내가 들어도 이쁜 코치 여름 가방 어깨에 메고 데려다 줬다

나는 그림 그리러 가는 시간에 맞춰 도구를 챙기다가 무심결에 몇 달 전에 마음이 답답하여 쓴 기도 노트를 보니 내가 한 기도 내용이 "지금 다 누리고 있지 않은가!"였다.

모든 것을 다 주님께 맡기고 열심히 기도 생활을 하며 두려워 하지 않기를 바랄 뿐이다.

개학첫날이지만 수민이는 여느 날과 똑 같이 끝나 헉헉 대며 돌아와 과일 먹으며 하는 말 “엄마, 올 해는 공부 제대로 배울 것 같아. 선생님들이 참 좋아. 그리고 친구들도 같은 클라스가 세 네 개나 돼.”라 며 환한 미소와 들뜬 모습을 보여주었다. 내가 더욱 기쁘고 행복했다.

밥을 먹으면서, tv를 보면서 서너 번은 수민이 때문에 ‘오늘 엄마가 기분이 좋다’고 여러 번 이야기해도 평상시 같으면 듣기 싫다고, 한 이야기 또 한다고 화를 냈을 만 한데 듣고도 아무 소리가 없다.

수민이가 마음 안에 행복이 가득해서 그런가 보다.

- 2010. 9. 9. 22:38

아들의 선물

어제 아들이 아이패드를 사줬다. 엄마가 좋아하는 글쓰기를 하라고……. 나는 영화를 좋아한다. 그래서 침대 맡에 누워보다 너무 많이 보아서인지 아니면 제품이 부실했는지 지금은 DVD플레이어가 고장이 나서 사용 못하고 한 구석에 밀어 놓은 지 오래다. 그걸 본 아들이 어제 아이패드를 사준 것이다.

며칠 전, 아들이 다운로드 받아 놓은 영화가 있는 노트북을 빌려 달라 하니 아들은 내게 "엄마, 넷북이 필요해 아님 아이패드가 필요해?"라고 묻더니 아이패드를 사준 것이다.

어제 학교 갔다 오고 나서 조금 후에 "엄마, 나 잠깐 나갔다 올께, 저녁 먹기 전에 들어올 거야."하며 나가더니 플라스틱 백에 아이패드를 들고 왔었다.

아들은 몇 주 전부터 학교에서 비즈니스를 시작했었다. 우리는 일요일이면 성당이 끝나고 '제트로'라는 도매상에 가서 텍스가 없고 다른 곳보다 저렴하여 고기류와 음료수 과자 등을 사온다. 아들은 친구들과 노느라 거의 같이 갈 기회가 없는데, 요즈음은 사춘기 걸린 딸 대신으로 가끔 우리가 가는 길에 동행을 해준다.

그날도 미사가 끝난 후 들린 제트로에서 "아빠, 우리 학교에는 아이들이 군것질을 잘한다. 나 몇 가지 사서

팔 거니깐 돈 좀 빌려 주세요."했었다.

남편은 "아니, 빌리지 말고 너 시드머니[1]다."라고 하면서 "처음은 대주지만 다음부터는 니 돈으로 해라."라고 했다. 그런데 아들은 따블 장사는 안 됐지만 그래도 꽤 돈을 모은 모양이다.

며칠 후 나는 "너, 그거 한다고 공부 게을리 하면 안 된다."라고 일침을 놓으니 "네, 그래서 그렇게 할 수가 없기 때문에 다른 아이 한 명 끌어다 친구하고 같이 합니다."라고 했다. 머리가 좋아 좀 하려니 했는데, 공부 쪽보다는 다른 쪽으로 머리를 쓰는 아들이다. 그래도 그 녀석이 가는 방향이라면 어쩔 수 없지 않겠는가?

아들은 저녁을 먹으면서 내 아이패드에 게임 몇 가지 입력해서 가르쳐 주고, 나는 그 게임에 빠져 드는데 아들의 헌 셀폰이 눈에 들어 왔다. 이 아이패드는 아들이 쓰고 있는 스마트 폰을 누가 갖고 싶어 해 그것을 팔고 돈 200불 더 주고 엄마의 아이패드를 사온 것이다.

아들에게는 목숨보다 더 소중했던 스마트폰이었을 것이다. 동생이 아이팟을 사면서 안 쓰는 빨간 셀폰을 아들이 쓰고 있었다. 그 빨간 셀폰에 메시지가 오고 있다. 남에게 쓰는 마음은 이렇게 비단결인데……. 내일 중요한 시험인데도 아들은 그 시험은 안중에도 없다.

그래도 사랑한다. 아들아.

- 2011. 1. 13. 23:53

---

1) 종잣돈, 기초자본금

수민이의 SAT시험

수민이가 오늘 SAT시험을 보러 갔다. 처음 보는 거라 많이 떨고 두렵고 불안해할 게다. 공부를 안 하여 더욱 그러하리라 생각한다. 수민이는 칼리지 보드에 등록해 놓고 엄마 와 등이 졌으니, 다니라던 학원에도 안 가고 두 어 달 동안 스스로 고립된 생활을 자처하고 있었다.

나 역시 마음이 안 좋다. 요즈음에는 일 안 나가고 집에 있어 한편으로 경제적으로 힘들다. 수민이가 학교 끝나고 집에 들어오면 학교 갔다 왔다는 말도 없이 자신의 방으로 들어가지만 점심 챙겨 주는 맛에 일 하는 것을 차일피일 미루고 있다. 아니 경기가 안 좋아 일거리도 없지만…….

어제는 진복이를 단체 모임에 데려다 주면서 마켓에 들려 수민이가 좋아하는 순두부찌개꺼리를 시장 보고 파리 바겟에 들려 수민이가 좋아 하는 피자 빵을 사 왔었다. 그리고 오늘 시험 보는 중간에 간식거리 겸 먹으라고.

잠들기 전 늦은 시간에 생각이 나서 24시간 CVS에 가서 좋아 하는 초콜릿과 비타민 음료를 사왔었지만 수민이가 나간 후 방문을 열어 보니 내가 사다 준 것들이 책상 위에 그대로 있다. 수민이는 어릴 적부터 고집이 무척 세서 기르기가 참 힘이 들었다. 다른 제 삼자의 도움을 받아야 했는데 살다 보니 그러지도 못했다.

그래서 마침 전에도 기회가 되면 교육을 받아야지 했던 "자원봉사 교육" 세미나가 있어서 지금 교육을 받는 중이다. 그 교육을 받으면 내가 먼저 변화 되고, 수민이에게도 조금은 도움이 될 듯싶다.

시험이 끝나는 시간까지 기도를 해주어야겠다. "수민아 사랑한다. 시험 잘 봐. 너무 점수만 생각하지 말고……. 다음에 또 신청해서 보면 되니까? 그때는 한 번 학원에도 다니고……. 그러면 조금 잘 보게 되겠지……. 수민아 사랑한다.

- 2011. 1. 22. 22:21

영화 "써니"를 보고

딸은 늘 오픈되었던 방문을 작년 11월 말부터 걸어 잠그고, 식사 시간에 식탁에서 가족과 같이 밥을 안 먹고, 자신의 방에 먹을 밥만 들고 들어가 먹곤 했다.

그런데 지난 6월 20일부터 한국에서 군복무 마치고 복학하여 대학에 다니는 조카가 방학을 맞아 한 달 동안 다니러 왔다. 조카가 머물러 있던 기간 동안 딸은 조금씩 설탕 녹듯이 가족과 외식도 했고. 우드베리 명품 쇼핑 몰에도 같이 갔었다.

그런 중에 아들이 토요일마다 멧 라이프 사무실에 가서 세 시간 씩 아르바이트하던 자리를 대학 기숙사로 들어가면서 동생에게 바통 터치를 해줄 수 있었던 것도 딸의 마음을 버터처럼 조금씩 녹일 있었기 때문에 가능했다.

그때에 신문에서 7월 29일 영화 "써니"가 상영될 것이라는 광고를 보고, 딸에게 같이 보자고 했더니 "예스." 라고 대답하여 무척 기뻤다.

한국 영화가 들어오면 베이테라스에서 늘 상영했었지만 "아저씨" 이후 맨해튼과 뉴저지에서 상영을 하여 교통편 때문에 편하게 보러 갈 수가 없어서 그 이후에 몇 편 상영하였지만 보지 못하던 참에 잘 되었다 싶었다.

7월 31일 일요일 여덟시. 미사를 드리고 나서 늦장부리는 딸 앞세워 늦으면 두시 것으로 보기로 하고 맨해튼 극장 앞에 도착 하였다. 파킹도 수월하게 했고 십분이 지나 그냥 첫 회로 들어가 보았다. 예상 외로 관객은 우리와 몇 팀 밖에 없어 자리는 텅텅 비어 있었다. 썰렁해서인지 처음에는 영화에 깊숙이 빠져 들지 못했다. 그러나 보면 볼수록 감동과 재미가 있어서 영화가 끝나고 음악이 끝 날 때까지 옆에 앉은 딸과 나는 일어 날 줄 모르고 계속 앉아 있었다. 주위를 보니 우리처럼 모두가 엄마와 딸이 같이 와서 보고 있었다. 나는 생각했다. 한국에서는 아이들끼리 "써니"라는 영화를 보러 다니겠지만 여기에서 자란 아이들이 자기들끼리 영화를 안 보고 엄마와 함께 보겠다고 하니 한편으로는 기뻤다. 딸은 늘 한국드라마를 보는 재미로 사는 지라 영화가 들어오면 보고 싶지만 정서가 안 맞은 친구들과 갈 수가 없어서 가끔 한국 영화가 들어오면 엄마 아빠와 같이 가기를 주저 하지 않는 것이다.

이 영화는 사춘기 접어든 딸을 가진 엄마들이 딸을 데리고 꼭 이 영화를 봐야 할 것 같다. 그래야 여기서 자란 아이들이 부모님들의 말로 만 듣던, 전혀 피부에 와 닿지 않는 세대 갈등에 조금 이해를 갖지 않을까 싶다.

- 2011. 8. 4. 1:39

수민이의 맹장수술

수민이가 맹장 수술을 했다. 어젯밤 늦게 들어 와서 헐레벌떡 주물러 주고 손을 따 줬는데 체한 것이 아니었다. 덕분에 아주아주 간만에 좁은 수민이 침대에 함께 누워 밤새 마사지를 해주었다. 그런데 아픔을 참지 못한 수민이는 결국 새벽에 노서 병원 응급실에 오고 말았다. 정밀 검사 없이 초음파 검사만으로 수술이 결정됐다

만감이 교차했다. 몇 년 전 뜨거운 물 뒤집어쓰고 병원에 있을 때, 그 애 곁에서 아무것도 해 줄 수 없었다.

자신이 생각해 보아도 졸업 앞두고 입사하고 싶은 곳 이차 인터뷰 날짜 이틀 전이었기 때문에 타들어간 살갗 벗겨내고 벗겨내도 예약된 비행기에 오를 수 없었다. 혼자 두고 왔던 어미의 마음 아는지 모르는지 그때는 상처로 덧 씌어져 마음이 곱지가 않았다

- 2018. 3. 27

내 생일에

갑자기 목에 올라오는 가래 때문에 눈을 뜨니 새벽 비가 내리는구나. 해가 뜨는지 모르게 오늘이 오고 있다.

사랑하는 수민아! 엄마는 가슴이 아프구나. 어떻게 말을 시작할지. 우선 엄마의 마음이 아픈 지 말할게. 엄마 생일에 너의 따뜻한 말 한마디가 듣고 싶었다. 그리고 너는 종교의 자유를 외치지만…….

너는 누구니? 너는 어떻게 생겨났니? 엄마 아빠는 너에게 지금 뭐니?

엄마는 너 아주 어렸을 때 너 가슴에 신앙의 나무를 심었단다. 그래서 그 나무는 너에게 뿌리를 내렸고 자라고 있단다. 그 나무는 영원한 생명의 물을 먹고 자라서 죽지 않는단다.

네가 잊지 않을 것임을 엄마는 믿는다.

사랑하는 우리 이쁜 내 딸아!

- 2020. 4. 13.

진복이의 결혼

사랑하는 진복아. 네가 훌쩍 커서 한 사람을 만나 결혼을 한다고 하니 마음이 흐뭇하고, 벌써 엄마가 '나이가 들어가는구나'하는 것을 느끼는구나.

엄마가 너희에게 왜 종교를 권하느냐 하면 수진이가 부모와 친구들과 떠나 먼 타국에서 생활하다 보면 마음의 의지할 것이 필요하단다. 네가 옆에 있으면 된다고 하겠지만, 남녀가 다른 환경에서 자라 만나 결혼하게 되면 서로 다른 가치관 때문에 부딪치는 일들이 많단다. 지금은 어련히 알아서 '해결할 거다' 하고 생각하지만 막상 부딪치면 자기애에 갇히게 된단다.

그런데 종교를 가지고 있으면 좀 더 다르게 '이웃을 너 몸과 같이 사랑하라'말처럼 상대방 입장을 고려해 보지 않을까 싶다. 엄마도 이곳으로 와서야 종교생활하면서 타국 생활의 힘든 것들을 극복할 수 있었단다. 너도 많이 힘들었던 것처럼 그 힘든 모습을 옆에서 보는 엄마의 심정은 그것을 극복할 수 있었단다.

엄마는 너에게 간절히 바라는 것이 하늘의 뜻에 거스르지 않게 이루어지기를 바란다.

세상에서 멋진 우리 아들! 사랑한다.

- 2020. 4. 29.

이 도서의 국립중앙도서관 출판예정도서목록(CIP)은 서지정보유통지원시스템 홈페이지(http://seoji.nl.go.kr)와 국가자료종합목록 구축시스템(http://kolis-net.nl.go.kr)에서 이용하실 수 있습니다.

(CIP제어번호 : CIP2020029978)

윤금숙 시집

2001 뉴욕, 그곳에서 우리는

초판인쇄일 2020년 8월 04일
초판발행일 2020년 8월 15일

지은이 : 윤금숙
발행인 : 김순진
편집장 : 전하라
디자인 : 김초롱
펴낸곳 : 도서출판 문학공원
등 록 : 2004년 3월 9일 제6-706호
주 소 : 우편번호 03382 서울 은평구 통일로 633
녹번오피스텔 501호 스토리문학사
전 화 : 02-2234-1666
팩 스 : 02-2236-1666
홈페이지 : http://cafe.daum.net/yob51
이메일 : 4615562@hanmail.net